HENRI DAGAN

ENQUÊTE

SUR

L'ANTISÉMITISME

« Lorsque l'absolutisme clérical se sent menacé, ou dans son influence, ou dans ses *intérêts* par les progrès de l'esprit critique, il pare les coups par une diversion contre les juifs. »

MICHELET, *Histoire de France*, tome VII.

« L'antisémitisme est le suprême effort tenté par la coalition des débris des partis politiques. »

HENRI DAGAN.

———

PARIS

P.-V. STOCK, ÉDITEUR

(Ancienne librairie TRESSE & STOCK)

9, 10, 11, GALERIE DU THÉATRE-FRANÇAIS

Palais-Royal

—

1899

Le traduction et de reproduction réservés pour tous les pays, y compris la Suède et la Norvège.

ENQUÊTE

SUR

L'ANTISÉMITISME

DU MÊME AUTEUR

En préparation :

ÉMILE COLIN — IMPRIMERIE DE LAGNY

HENRI DAGAN

ENQUÊTE

SUR

L'ANTISÉMITISME

« Lorsque l'absolutisme clérical se sent menacé, ou dans son influence, ou dans *ses intérêts* par les progrès de l'esprit critique, il pare le coup par une diversion contre les juifs. » (MICHELET, *Histoire de France*, tome VII.)

« L'antisémitisme est le suprême effort tenté par la coalition des débris des partis politiques. » — H. D.

PARIS

P.-V. STOCK, ÉDITEUR

(Ancienne librairie TRESSE & STOCK)

8, 9, 10, 11, GALERIE DU THÉÂTRE-FRANÇAIS

PALAIS-ROYAL

—

1899

INTRODUCTION

Les sentiments, les passions et les idées qui
s'abritent sous le nom d'antisémitisme ont un caractère confus et plein d'équivoques. Cependant l'ensemble de ces divers éléments constitue un fait social
important qui mérite d'être examiné.

On sait avec quelle ardeur le mouvement antisémitique s'est manifesté pendant les événements retentissants de ces derniers jours. Il a pris une extension
nouvelle, il s'est affirmé avec plus de force et d'au-
dace, il a provoqué des rapprochements politiques
inexplicables, il a jeté la stupeur et le désarroi dans
beaucoup d'esprits, il a ravivé de vieilles rancunes et
remué les cendres encore tièdes du passé.

Négliger de prendre en considération un tel mou-

verment serait une faute grave et peut-être un danger pour le mince trésor de libertés que nos pères ont conquises avec leur sang.

Il faut, au contraire, aborder le problème hardiment, l'étudier avec calme, de façon à pouvoir discerner la vérité. Il faut aussi se placer à un point de vue élevé, c'est-à-dire juger sans haine et sans complaisance, enfin se montrer soucieux de précision et de clarté.

Une telle entreprise exigeait le concours de plusieurs esprits.

Comment l'antisémitisme se manifeste-t-il généralement? Dans quelle mesure le connaissons-nous?

Quelle est sa signification historique? Que veut-il? D'où vient-il? Et où va-t-il?

Autant de points importants qui sont demeurés obscurs ou indéterminés.

Il faut les élucider.

C'est pourquoi l'idée m'est venue d'ouvrir une grande enquête auprès de personnalités compétentes dispersées dans tous les milieux.

J'ai cru bon de recueillir les opinions les plus diverses, après avoir laissé à chacun toute liberté d'expression et toute responsabilité de jugement.

C'est ainsi que des écrivains, des politiques, des économistes, des ecclésiastiques, des hommes d'État, des philosophes, des légistes et des sociologues vont apporter successivement leur tribut de pensées, de savoir ou de conviction.

Cette enquête aura l'avantage précieux de renseigner le public sur la position intellectuelle des classes cultivées en face d'un aspect particulier du conflit social.

En outre, elle permettra à la foule, trop souvent dupée par des publicistes ignorants et prétentieux, de se référer directement aux thèses ou arguments qui défileront sous ses yeux.

Il est impossible que le résultat de ce travail ne soit instructif et profitable pour tous.

A l'issue de l'enquête, j'essayerai d'analyser les réponses les plus significatives et je tâcherai d'en tirer des conclusions.

ENQUÊTE

SUR

L'ANTISÉMITISME

I

M. EDMOND PICARD

Sénateur,
Professeur de Droit à l'Université nouvelle de Bruxelles.

— 1° Quelle est l'origine de l'agitation antisémitique ?

— La présence parmi les peuples de race aryenne d'individualités nombreuses de race sémitique — qui ne se contentent pas d'y vivre, mais qui y procèdent à un dépouillement méthodique et visent à exercer une direction politique et privée sur la civilisation spéciale à l'aryanisme.

Les psychologies des deux races diffèrent dans tous les ordres de pensées, d'actions et de sentiments humains. Elles diffèrent bien plus que les types corporels qui sont facilement reconnaissables.

1

Vainement le costume et les mœurs courantes donnent-ils l'impression d'une identité ; elle est superficielle. Il en résulte que toute institution aryenne publique ou privée maniée par un juif prend une direction déviée qui choque, irrite, exaspère l'aryen et lui apparaît en abus ou en injustice.

De là des malentendus innombrables et un immense conflit permanent, tantôt sourd, tantôt violent, d'autant plus irrémédiable que l'accaparement des richesses pour la spéculation sans que jamais une œuvre socialement utile puisse être rattachée à la formation monstrueuse des fortunes juives donne à cet antagonisme un aliment matériel saisissant.

On peut poser en principe d'histoire et de gouvernement que toute race qui prétend exercer une direction sur une autre méconnaîtra la conscience de celle-ci et la placera en état d'insurrection matérielle ou morale ininterrompue.

— 2° Quel en est le caractère religieux, ethnique ou économique ?

— Le caractère de la lutte aryano-sémitique (expression beaucoup plus exacte qu'antisémitisme) est ETHNIQUE dans sa cause première et profonde, mais se complique de raisons économiques quand on considère que le juif, dans la civilisation aryenne, agit comme son congénère le Sarrasin quand il écumait la Méditerranée par les pirateries de ses corsaires, phénomène qui a duré des siècles et n'a pris fin que par la conquête de l'Algérie. La forme du pillage a changé ; elle est devenue *intellectuelle*, se réalisant dans les rafles de Bourse. Mais le résultat est identique et le moyen au moins aussi efficace. Elle est la conception moderne du conflit.

Mais il est vrai que, dans le passé, quand une science imparfaite rendait mal compte des causes vraies, on affublait la question d'un vêtement religieux, on la rattachait au crucifiement du Christ, à la trahison de Judas et à la cruauté d'Ahasvérus. Ces raisons puériles ne sont plus invoquées que par l'ignorance ou le parti pris. Elles étaient encore celles qui décidèrent Philippe II à expulser les Juifs d'Espagne. Aujourd'hui il n'est plus un penseur qui puisse les invoquer sérieusement.

— 3° Quelles sont les catégories de personnes qui participent à cette agitation? Pourquoi les salariés et les sans-travail (chômeurs) se désintéressent-ils de ce mouvement?

— A l'exception des « intellectuels » engagés dans un humanitarisme philanthropique qui leur fait croire que les races sont susceptibles d'une direction uniforme et que, dès lors, il n'y a aucun inconvénient à ce que l'une d'elles se mêle de la civilisation d'une autre ; à l'exception de ceux qui n'ont jamais creusé la question à la lueur d'une méthode scientifique vraiment positive; tous ceux dont l'attention est attirée sur le système juif, sur la psychologie juive, sur la manière d'être et d'agir des juifs, sur les résultats déjà acquis au profit des juifs, sur les dangers existants et sur ceux qui s'annoncent, sont antisémites sans hésitation dans le sens indiqué plus haut, savoir : qu'il faut écarter ces individualités de race étrangère de toute immixtion dans la direction de la race aryenne,

douée d'une âme spéciale, ayant sa destinée origi-
nale et devant demeurer libre de la manifester en
une expansion complète sans la gêne et les dévia-
tions qui incessamment lui infligent une âme
ethnique différente.

C'est une erreur de croire que les salariés se désintéressent du mouvement. Leurs chefs le disent
mais sans preuve. Ces chefs sont entraînés par leurs
antipathies cléricales, car ils en sont encore à croire
que la lutte aryano-sémitique est catholique et religieuse, alors qu'elle existait avant l'ère chrétienne,
comme le prouvent les guerres puniques et des faits
particuliers multiples relevés par les chercheurs.
Les guerres de Charlemagne contre les Sarrasins, les
Croisades, les guerres de Charles-Quint, Lépante,
les combats des chevaliers de Rhodes et de Malte,
les guerres austro-turques, Navarin, l'occupation
contemporaine des contrées du Nord de l'Afrique, les
luttes contre les Arabes dans le Congo et le Soudan,
ne sont que la continuation de ce conflit énorme et
ininterrompu des deux races qui dure depuis trois
mille ans et se continue par l'antisémitisme actuel.

Dans le socialisme, il y a aussi des raisons senti-
mentales tirées de ce que Lasalle et Marx passent
pour juifs de race, alors que la question vaudrait
d'être examinée de plus près, les lois naturelles du
croisement et du métissage commandant d'être
très circonspect à cet égard. (Les plus récents travaux sur la race de Jésus ne donnent-ils pas la plus
grande vraisemblance à l'opinion que ce Galiléen, né
en pleine terre des Gentils, c'est-à-dire des étrangers, était aryen?)

Il est à croire que si les vrais éléments du problème pénètrent dans les masses ouvrières, elles aussi prendront rapidement part au mouvement dans le sens, non d'une persécution inhumaine, mais d'une défiance légitime en ce qui concerne l'influence des cerveaux juifs dans le gouvernement des affaires aryennes.

— 4° Quelles sont les mesures proposées par les antisémites?

— Là-dessus également les préjugés les plus grotesques ont cours, soigneusement entretenus par les juifs qui les considèrent comme un des plus efficaces moyens de discréditer le mouvement dans l'esprit des superficiels.

Un grand nombre d'israélites prêchent actuellement le *Sionisme*, c'est-à-dire l'expatriation en masse dans l'ancienne Judée. Mais la mesure paraît trop exceptionnelle pour qu'on puisse en espérer la réalisation radicale. La vraie solution est dans l'exclusion des juifs de toute direction politique dans les pays aryens, dont ils ne comprennent pas la psychologie, — dans le maintien ou le rétablissement de leur qualité d'étrangers comme on ferait de Chinois ou de Nègres, arrivant chez nous avec la prétention de se faire naturaliser, — dans une législation privée complétant cette législation politique, en prenant des mesures rigoureuses pour empêcher l'abus, par des cosmopolites et des exotiques, des contrats et des institutions établies dans cette croyance que seuls des cerveaux aryens les utiliseraient avec les idées aryennes et ne les détourneraient pas de leur destination naturelle.

Cela vise spécialement le prêt à intérêt devenu abominablement usuraire, le contrat de gage ou d'hypothèque et surtout les marchés de Bourse qui sont le principal instrument des spoliations parasitaires.

— 5° Quelles en seraient les conséquences au point de vue social?

— En mettant fin, au moins dans son influence directe et visible, à l'action juive sur les affaires publiques; en la refrénant dans les affaires privées; en entravant leur système d'accaparement des richesses, en les cantonnant dans une activité moins irritante; en annihilant, en résumé, la pression sémitique sur l'évolution sociale aryenne, le système exposé ci-dessus ramènerait probablement la paix ou adoucirait considérablement les heurts et les querelles.

Les Juifs seraient traités sans injustice, puisque s'ils sont environ une centaine de mille en France, ils seraient dans la même condition que cent mille Chinois, cent mille Nègres, ou cent milles Arabes en costume national qui auraient émigré et auxquels on refuserait le droit de s'immiscer dans la direction des choses françaises, ce qui paraîtrait d'une normalité absolument évidente, tant il est vrai qu'il suffit de changer d'exemples pour faire la lumière.

— 6° Quel est l'avenir probable de cette agitation?

— Elle restera chronique et deviendra de plus en plus aiguë, si les gouvernements, subissant la pression de la haute finance, s'obstinent à ne pas vouloir la résoudre dans le sens d'une exclusion de l'influence juive sur l'évolution aryenne. Les masses finiront

par agir révolutionnairement, car rien n'est plus
difficile à supporter par les hommes que la spoliation de leurs biens et la direction de leur évolution
par une race de psychologie différente.

Peut-être, au surplus, que la concentration des
fortunes dans des mains juives n'est qu'un phénomène social transitoire, destiné à faciliter, selon les
vues socialistes, le retour des grandes agglomera-
tions de bien à la masse. On ne peut douter que pa-
reille mesure, qui serait presque impraticable s'il
s'agissait d'obtenir des humbles le peu qu'ils ont,
apparaîtra au contraire comme la justice même
quand elle se bornera à faire rendre aux financiers
de proie le produit accumulé de leurs rapines. La
marche mystérieuse des événements emploie-t-elle
ce détour pour arriver aux fins souhaitées désormais par des millions d'êtres et d'éminents pen-
seurs? C'est une induction permise à quiconque a le
souci d'un aussi grandiose problème.

II

M. E. LEVASSEUR

Économiste et démographe, membre de l'Institut:

« L'origine de l'agitation antisémitique ? nous
dit M. Levasseur, elle n'est pas facile à préciser.
Vous savez que si les juifs possèdent à un certain

degré cet esprit de tribu qu'on leur a si souvent reproché, cela tient à la situation qu'ils occupaient dans le passé, jusqu'à la Révolution française. Une législation particulièrement cruelle à leur égard a continué de les maintenir dans l'isolement. Il est tout naturel qu'une étroite solidarité soit née dans le sein de leur race et qu'elle ait fini par se fixer héréditairement dans leur sang. Mais à qui la faute? Il serait vraiment excessif de les rendre responsables de cet état de choses. »

— Voudriez-vous me dire, monsieur, pourquoi les passions antisémites se sont développées d'une façon si extraordinaire depuis quelques années ?

— « Je crois que les passions religieuses entrent pour une grande part dans cette agitation. »

— Le peuple serait-il donc resté croyant contrairement à l'opinion générale ?

— « Non pas, certes, mais dans la bourgeoisie, et surtout dans la bourgeoisie moyenne, les passions religieuses existent encore à un degré appréciable, elles paraissent même redoubler d'intensité depuis quelques années.

» Je suis un vieux républicain de 1848, mais je ne me souviens pas d'avoir vu les mouvements anticléricaux ou antisémites prendre une telle importance. Il est probable que les catholiques conservateurs, évincés du pouvoir par les nouveaux partis républicains, se sont jetés dans la bataille antisémitique par représailles politiques. Je ne blâme, ni ne loue, je constate. »

— Mais ne croyez-vous pas que d'autres causes plus sérieuses soient intervenues? La situation économique, par exemple, est-elle étrangère à cette explosion de mécontentement?

— « Parfaitement. *C'est la situation économique pleine de difficultés qui a réveillé les passions religieuses.* Il est incontestable que les juifs ont le génie des affaires financières et commerciales; l'expérience de leurs ancêtres, placés dans des conditions de vie particulières, semble leur avoir été transmise jusqu'aujourd'hui.

» Grâce à leur activité extraordinaire, à leur énergie, à leur labeur obstiné, à leur esprit tendu vers le négoce, ils ont acquis des situations matérielles exceptionnelles qui éveillent la jalousie et l'envie. S'ils ont profité de cet état de choses, c'est parce qu'ils y étaient préparés de longue date. »

— Pourriez-vous me dire, monsieur, pourquoi la classe ouvrière ne participe guère à cette agitation?

— « Parbleu, *parce qu'elle n'y est pas intéressée.* Les juifs, s'occupant surtout d'affaires commerciales ou financières, n'ont pas beaucoup de relations avec les ouvriers, de sorte qu'il n'y a pas de ce côté-là de particuliers intérêts en lutte. »

— Vous venez d'écrire un ouvrage : *L'Ouvrier américain*, rempli de documents sociaux sur les Etats-Unis; pourriez-vous me dire le rôle de l'antisémitisme, là-bas?

— « Je ne crois pas qu'il existe. J'en aurais eu sûrement connaissance et nous en aurions ici les échos. »

— De sorte qu'il n'y a pas de parti antisémitique aux Etats-Unis?

1.

— « Non. »

— Cependant les problèmes sociaux se posent aussi fortement en Amérique que chez nous.

— « Oh! oui. »

— Il y a des juifs pourtant?

— « Il y a des juifs, me répond M. Levasseur, mais des juifs pauvres, extrêmement pauvres.

» Je les ai vus dans les ateliers où ils travaillent énormément pour des salaires inférieurs aux salaires moyens des États-Unis. On les exploite cruellement; c'est ce qu'on appelle le *sweating system*. Ce sont des juifs pauvres, venus de tous les coins de l'Orient, chassés par la politique russe et qui ne savent comment faire pour vivre. Ils se louent aux industriels, qui *sont souvent leurs coreligionnaires*, à des prix comparativement bas et, faisant ainsi con   nce aux autres ouvriers américains, ils allume   ntre eux des rancunes, des mécontentements et des haines. »

— De sorte que la haine contre les juifs existe dans la classe ouvrière pour les raisons que vous dites?

— « Oui. »

— Ainsi, en France et ailleurs, c'est dans le sein des classes bourgeoises que grondent les passions antisémites, tandis qu'en Amérique, c'est tout au fond du prolétariat?

— « Parfaitement. »

— Que prévoyez-vous, monsieur, au bout de cette agitation?

— « Je ne sais. Je crois que l'antisémitisme n'est malheureusement pas près de s'éteindre, et qu'il pa-

raît s'exagérer. Quelquefois les juifs eux-mêmes —
je ne veux pas médire d'eux, car je compte des amis
parmi les Israélites — donnent prise à cette rancune par leur esprit de corps. Ainsi, dans cette
affaire Dreyfus — c'est une opinion personnelle —
je trouve qu'ils ont eu tort de faire bloc, pour défendre la cause d'un des leurs. »

— Ah! il y a pourtant M. Arthur Meyer, M. Va-
lentin Simond, M. Naquet et d'autres, qui se sont
montrés hostiles ou qui ont gardé un silence pru-
dent.

— « Oui, oui, mais c'est l'exception Ils auraient
dû renoncer à s'en occuper. Enfin, c'est une opinion
absolument personnelle. »

III

M. CH. LÉTOURNEAU

Professeur à l'École d'anthropologie.

— Avez-vous connaissance des pages belliqueuses
dirigées par M. Ferdinand Brunetière contre les
anthropologistes et les linguistes, à propos de l'antisémitisme?

— Oui, on me les a communiquées, car je dois
vous dire que je ne lis plus M. Brunetière. Il
m'ennuie considérablement. C'est un esprit faux,
incapable de comprendre son siècle; voilà pour-

quoi, sans doute, il se réfugie dans les siècles vé-
cus. Admirer Bossuet, c'est bien, pourvu qu'on le
fasse avec discernement, mais vouloir nous le présenter comme une sorte de grand philosophe, c'est
vraiment trop fort...

— Que pensez-vous de sa thèse à l'égard des anthropologistes?

— Eh bien, M. Brunetière parle fréquemment de
ce qu'il ne connaît pas, de ce qu'il connaît impar-
faitement ou de ce qu'il connaît mal. C'est un littérateur excessivement infatué de son esprit.

— Vous n'admettez donc pas que l'hypothèse anthropologique des races « inférieures » et des races
« supérieures » ait pu exercer une influence sur les
esprits, au point d'avoir constitué un facteur de
l'antisémitisme?

— Evidemment non. Comment voulez-vous que la
masse soit influencée par des hypothèses scienti-
fiques? Il n'y a que M. Brunetière pour concevoir
de telles absurdités. D'ailleurs, combien y a-t-il de
personnes, même parmi celles qui jouissent d'une
certaine culture, qui connaissent ces questions-là?

— En ce cas, comment vous expliquez-vous cette
agitation antisémitique?

— Mon Dieu, la foule ne se rend pas bien compte
de ce qui se passe, elle souffre, et elle s'en prend à
une classe d'hommes, les juifs. Evidemment, entre
tous les capitalistes, ce sont eux qui paraissent les
plus habiles.

— Ont-ils inventé le capitalisme, si j'ose employer une expression aussi impropre?

— Mais non! Ils profitent comme les catho-

liques, les protestants et... les antisémites, voilà
tout.

— On prétend, cependant, que les juifs ont une
prédisposition *sui generis* pour le trafic de l'argent,
l'usure et l'agiotage : qu'y a-t-il de vrai dans cette
proposition ?.

— Il y a une part de vérité. Mais il faut chercher
les raisons de cette moralité, et c'est ce que ne font
pas les antisémites en général.

Si les juifs, de tous temps, tournèrent leur activité vers le négoce, la finance et le prêt de l'argent, les mahométans et les chrétiens y sont pour
quelque chose. Une législation spéciale à leur endroit les obligea de s'écarter de la vie commune, de
s'isoler, de se cacher. Objets d'opprobre et de haine,
ils se rapprochèrent les uns des autres, ils se sou-
tinrent, s'entr'aidèrent, et de là naquit cette solidarité qu'on leur reproche. On leur avait fermé presque toutes les portes, ne leur laissant que celle des
affaires, ils y sont entrés. Je ne vois pas ce qu'il y a
de monstrueux là-dedans.

— J'ai cependant une objection à vous faire. On prétend que les aptitudes des juifs pour le trafic et la
finance sont bien antérieures à l'époque où les juifs
vivaient misérablement. Ainsi, avant d'être disper-
sés à travers le monde, lorsqu'ils peuplaient encore
la Phénicie, l'Arabie et la Mésopotamie, ils faisaient
déjà preuve d'une grande habileté dans le négoce :
pourriez-vous m'expliquer cela?

— L'exemple est spécieux, en effet. L'explication
en est pourtant simple et naturelle. Les Phéniciens
occupaient un sol absolument impropre aux tra-

vaux de culture. Ils ne vivaient guère que de la pêche. Lorsqu'ils eurent perfectionné la petite industrie dont ils vivaient, ils voulurent comme tous les autres peuples acquérir et consommer des produits étrangers. Ils pratiquèrent l'échange. Ils firent du commerce. Ils n'auraient pu faire autre chose. Ils devinrent très habiles commerçants. Les qualités nécessaires pour exercer cette fonction furent développées chez eux de bonne heure ; quoi d'étonnant alors qu'elles aient pu se fixer dans le sang ?

Ainsi vous voyez que, par la nature du milieu où ils vivaient, ils furent amenés à remplir les fonctions que les spiritualistes considèrent comme innées. Voilà comment les sémites des déserts de l'Arabie, de la Mésopotamie et en général des pays situés entre l'Europe, l'Afrique et l'Asie-Mineure, se consacrèrent au commerce.

Non, il est absolument antiscientifique de dire que les juifs sont nés pour le trafic de l'argent.

On ne naît pas pour quelque chose, il faut laisser cela dans les traités de métaphysiciens.

— A votre avis que pourra-t-il sortir de cette agitation ?

— Je ne sais, mais je crois que le capitalisme antisémite sera, comme l'autre, emporté dans la tourmente inévitable.

IV

M. ACHILLE LORIA

Professeur à l'Université de Padoue.

Padoue, mars 1898.

A la base de l'Antisémitisme doctrinaire de nos jours, il y a cette même cause, essentiellement économique, qui a engendré l'Antisémitisme législatif du passé.

C'est la rivalité du capital baptisé contre le capital circoncis, qui a provoqué au moyen âge les persécutions contre les juifs, leur exclusion de la propriété foncière, des dignités, des honneurs. C'est, de même, la rivalité des capitalistes et des propriétaires chrétiens contre les juifs qui s'agite aujourd'hui pour rétablir les proscriptions barbares d'autrefois.

Qui a appris la base essentiellement capitaliste de l'antisémitisme ne doit pas s'étonner si ce choléra moral, qui fait tant de ravages parmi les classes riches et puissantes, ne sévit guère parmi les ouvriers, les sans-travail, les déshérités de nos sociétés.

Bien plus ; la raison d'être foncièrement économique de l'agitation antisémite nous dit encore pourquoi elle s'est faite particulièrement aiguë dans la période de dépossession que le capital et la propriété agricole traversent de nos jours ; car évidemment, dans ces conditions, l'on désire avec une ferveur particulière tout ce qui peut permettre d'éliminer du marché des concurrents incommodes et de s'emparer de leurs biens.

Voilà pourquoi encore l'agitation antisémite suit dans ses mouvements ceux de la dépossession industrielle et s'affirme plus impudemment là où la dépossession économique est plus profonde et plus menaçante.

Comme la dépossession économique tend par elle-même à devenir toujours plus aiguë et à se généraliser dans tous les pays, il n'est que trop probable que le mouvement antisémite deviendra toujours plus énergique et plus universel.

Mais aura-t-il des résultats pratiques ? Et lesquels ?

Voilà ce qu'il est très malaisé de pronostiquer. Nul ne doute que la tendance extrême de l'antisémitisme, le but caché qu'il poursuit, ne soit l'expulsion des juifs et leur refoulement en Palestine, ce qui les contraindrait à « vendre leur maison pour un âne », ainsi que Bernaldez nous dit des juifs chassés d'Espagne, et qui rétablirait immédiatement à leurs frais les fortunes quelque peu chancelantes des capitalistes assermentés.

Mais cet événement — heureusement fort improbable — ne serait que provisoirement avantageux au capitalisme européen; en définitive il en hâterait l'effondrement.

En effet, la violente annexion des patrimoines juifs aux patrimoines chrétiens viendrait accentuer, de la façon la plus énergique, ce mouvement de concentration de la richesse, qui, d'après les théories socialistes, doit aboutir à l'expropriation finale des capitalistes par le peuple.

De cette manière le triomphe pratique de l'agitation antisémite ne ferait que frayer la route à la révolution sociale, qui doit être le berceau d'une forme économique supérieure.

ACHILLE LORIA.

La réponse de M. Loria est certainement l'une des plus importantes parmi celles que j'ai reçues. Dans mon introduction j'ai dit, incidemment, que l'Antisémitisme était un « aspect particulier du conflit social ». M. Achille Loria vient de l'expliquer avec force et précision, je l'en remercie.

V

M. ÉMILE ZOLA (1)

On se figure peut-être M. Emile Zola très abattu depuis que le verdict de terreur l'a frappé. Il n'en est rien. L'auteur des Rougon-Macquart est toujours le

(1) Cette interview était écrite avant que l'arrêt du jury de la Seine fût débattu devant la Cour de cassation.

même homme, plein de vigueur, d'entrain et de verve.

A voir ce front volontaire, ces yeux vivants, cette physionomie énergique et belliqueuse, on devine que le héros du plus grand procès de ce siècle est loin de se considérer comme vaincu.

Malgré le peu de loisir dont il dispose, M. Emile Zola a consenti à nous recevoir et à s'entretenir un instant avec nous.

Je lui expose l'objet de ma visite. Il comprend tout de suite l'importance de ce travail : « Ça c'est une excellente idée, me dit-il, d'avoir songé, enfin, à s'adresser à des hommes instruits et compétents pour étudier cette agitation et vouloir nous éclairer à la lumière de l'histoire et de la science, c'est de la bonne besogne ».

— Pourriez-vous donc me dire ce que vous pensez de l'antisémitisme, quelle est sa signification, les raisons de son développement ?

— Ah ! mais, laissez-moi vous déclarer que je n'ai pas étudié suffisamment la question pour vous en parler avec le sérieux qu'elle comporte. Je ne crois pas pouvoir — pour l'instant — enrichir beaucoup les documents instructifs que vous recueillez auprès des sociologues, des anthropologistes et des économistes. Je vous donnerai simplement des impressions et des observations rétrospectives.

Un fait remarquable c'est que l'antisémitisme n'existait guère en France il y a quelques dizaines d'années. Je veux dire qu'on ne trouvait pas ce sentiment à l'état vivace, et, surtout, qu'il n'y avait pas, comme aujourd'hui, d'organisation importante.

On peut reconnaître pourtant que le mépris des israélites existait au fond de la province à l'état latent,
comme une espèce d'atavisme, de survivance transmise de père en fils depuis les siècles de persécution. A Aix, par exemple, où j'ai passé une partie
de mon adolescence, ce sentiment couvait sourde-
ment au sein de plusieurs familles qui, d'instinct,
détestaient les juifs. Je dois dire, néanmoins et pour
réhabiliter un peu l'armée, que les officiers de la
garnison rivalisaient de galanterie et de coquetterie
auprès des jeunes juives qui étaient d'ailleurs fort
belles. Il y avait même des histoires assez cu-
rieuses, ainsi les demoiselles C..., mais, passons,
passons.

— A qui ou à quoi faites-vous remonter l'extension de ce mouvement?

— A qui? Mais à Drumont. C'est lui l'homme, le
chef. Oh! s'il veut en tirer gloire il le peut, certainement.

— Avez-vous connu, autrefois, M. Drumont?

— Oui, je l'ai connu lorsqu'il écrivait à la *Liberté*,
il y a longtemps. C'était un littérateur, un mauvais littérateur, et, d'ailleurs, il n'a pas cessé de
l'être.

— Quelle impression vous faisait-il à cette
époque?

— Il faisait pressentir ce qu'il pouvait devenir un
jour. Il m'apparaissait sous les traits d'un sectaire
étroit, déjà vaniteux et outrecuidant.

Nous avons été réunis plusieurs fois autour de la
même table. Des discussions philosophiques d'une
extrême violence s'établissaient entre nous, et l'on

finissait presque par se prendre aux cheveux. Vous voyez ça d'ici.

— Accusait-il déjà ces symptômes de religiosité maladive qui commencent à gagner tant de pauvres cervelles de lettres?

— Il était catholique, mais d'un catholicisme grossier, sans caractère, avec des contradictions et des soubresauts.

Ah! il n'était pas question encore d'antisémitisme à ce moment-là. Je l'ai perdu de vue ensuite et je le retrouve à la tête de ce déchaînement de petites passions qui constituent une bonne part de l'agitation.

— Reconnaissez-vous à M. Drumont une valeur intellectuelle appréciable?

— Mais non. Vous savez bien que non. Vous l'avez dit vous-même dans vos *Idoles*, c'est un médiocre, un sectaire inférieur, dépourvu de sens critique. Son seul mérite, si on peut nommer cela un mérite, c'est d'avoir utilisé le mécontentement populaire au profit d'une entreprise commerciale ; c'est d'avoir profité de l'état de gêne ou de détresse dans lequel se trouve plongée une partie de la foule pour créer un mouvement factice contre les juifs. De sorte qu'au sein du peuple on a confondu le capitalisme et les juifs. Une institution et une classe d'hommes!

— Croyez-vous que ce mouvement soit considérable et profond dans ses effets?

— En France il n'existe guère qu'à fleur de peau, mais il est certain qu'il prend de l'extension, qu'il acquiert de l'importance, et vous avez eu raison d'en faire un objet particulier d'étude. Je regrette quant à moi de ne pouvoir vous documenter davantage. Je sais que l'existence d'un prolétariat juif est chose absolument sûre.

Vous faites allusion, sans doute, aux Juifs de Russie, de Pologne, de Galicie et aux émigrants qui se réfugient en Amérique ?

— C'est cela.

— L'Antisémitisme n'a-t-il pas recruté des éléments nouveaux depuis quelques années ?

— Il me semble que l'Armée a fourni un contingent sérieux. Cela ne doit pas étonner si l'on veut bien se souvenir que la plupart des officiers sont façonnés par des jésuitières, lesquelles n'ont pas les juifs en odeur de sainteté.

Il y a aussi les monarchistes déçus, les conservateurs de toute catégorie qui sentent le terrain se dérober sous leurs pieds. Tout cela fait bloc et grossit considérablement le courant. D'ailleurs, même lorsque l'affaire Dreyfus sera liquidée — et j'espère bien qu'on triomphera — l'antisémitisme subsistera et vous aurez encore des batailles à livrer. C'est pourquoi je vous souhaite bon courage.

Sur ces mots, l'auteur de *Germinal* se lève et m'accompagne amicalement jusqu'au bas de l'escalier.

Au moment de me serrer la main, il réfléchit un instant, hoche la tête gravement, et comme s'il voulait puiser une force nouvelle en évoquant une grande figure, il murmure :

« Ah ! si Ernest Renan vivait, quelle indignation serait la sienne ! »

Oui, mais qu'en pense le silencieux M. Berthelot?

———+———— \

VI

M. GEORGES RENARD

Professeur à l'Université de Lausanne,
Rédacteur à la « Petite République ».

Lausanne, mars 98.

Monsieur et cher confrère,

L'agitation antisémite sur laquelle vous voulez bien me demander mon avis, me paraît être un épisode de la réaction cléricale qui commença de 1880 à 1885, qui séduisit la bourgeoisie riche affolée par la peur des réformes sociales qui se trahit d'abord dans les œuvres de MM. Brunetière, Faguet, Huysmans et de bien d'autres, qui se manifesta depuis lors par l'ingérence du Vatican dans nos affaires intérieures et par les défaillances de nos ministres, qui enfin bat maintenant son plein autour de nous. Elle fut à l'origine une revanche des banques catholiques entraînées dans une catastrophe mémorable par une coalition de banquiers juifs (affaire Bonthoux, Philippart, etc.).

Les livres de M. Drumont, les articles journaliers

de la *Libre Parole* ont fait le reste. Ils ont amassé les fagots qu'une étincelle a suffi pour allumer.

Les juifs ont prêté le flanc à leurs adversaires par l'étroite solidarité qui les unit comme c'est le cas pour toute minorité dans un milieu où elle n'est pas fondue, par la formidable puissance de la famille cosmopolite des Rothschild, par l'ostentation de richesse qu'ont imprudemment faite certains d'entre eux, par les scandales financiers où les noms à demi étrangers des Reinach et des Cornélius Herz ont été compromis, etc.

L'antisémitisme a ainsi un triple caractère. Au point de vue religieux, c'est presque un cas d'atavisme, un réveil de l'antique intolérance qui fit d'un massacre de juifs et d'hérétiques le prélude ordinaire des croisades. Il se lie à la campagne entreprise par les catholiques contre les protestants, les francs-maçons, les libres-penseurs.

Au point de vue ethnique, les Israélites portent la peine de n'avoir pas su ou voulu s'assimiler à la nation dans laquelle ils vivent, d'être restés par l'habitude de se marier entre eux une race ayant des traits bien distincts.

Les théories de Darwin, en montrant comment les races différentes s'entre-dévorent, ont contribué à répandre l'idée (fausse, d'ailleurs) qu'il doit se produire parmi les hommes la même entre-mangerie que parmi les animaux et les végétaux.

En Algérie, la querelle s'est compliquée d'une question politique.

Les juifs, ayant reçu les droits des citoyens français, il y a cinquante ans, se sont trouvés subitement les supérieurs des indigènes, dont ils étaient la veille les inférieurs. Il se peut qu'ils aient abusé de leur position nouvelle. De là des rancunes et des haines dont l'explosion a naguère ensanglanté les rues d'Alger.

Au point de vue économique, l'antisémitisme est une révolte contre la domination de la haute finance, maîtresse de la presse, du gouvernement, de la paix et de la guerre. Seulement cette révolte, dirigée contre un petit nombre de personnes à noms retentissants, est étroite et mesquine, les méfaits de la haute finance étant exactement les mêmes, qu'elle soit aux mains des juifs ou des chrétiens.

Je ne saurais dire de façon précise quels sont les groupes de la population qui ont pris la part la plus active à cette agitation. Il me semble que les cléricaux de toute condition, en particulier les officiers sortant des établissements religieux, et avec eux beaucoup de petits commerçants, victimes d'une concurrence redoutable, y ont joué le principal rôle. Les ouvriers se sont tenus à l'écart parce que le socialisme leur offre un idéal, infiniment plus large et plus généreux, puisque, conforme en cela aux principes des philosophes du dix-huitième siècle, il veut pour tous les êtres humains, sans distinction de race ou de religion, mêmes droits, mêmes devoirs, mêmes facultés de se développer.

Je ne crois pas devoir insister sur les propositions formulées par les antisémites. Je cite pour mémoire celles des simplistes qui crient : *Mort aux juifs*, ce qui serait une façon radicale de résoudre toute difficulté. Je ne considère pas non plus comme des mesures dignes d'être discutées le pillage des magasins juifs ou la pendaison de quelques banquiers. Je ne vois guère à mentionner sérieusement que des efforts pour réduire les droits des Israélites, pour leur interdire certains emplois, mesures qui pourraient mener par une émigration lente et forcée à une nouvelle *Révocation de l'Edit de Nantes.*

J'estime que, si de pareilles lois d'exception venaient, je ne dis pas même à être votées, mais à être mises à l'ordre du jour d'un Parlement français, ce serait pour la France une honte, un recul de plusieurs siècles en même temps qu'une cause certaine de guerre civile.

Mais heureusement je crois assez au bon sens de notre pauvre France, qui s'emballe mais se reprend si vite, pour être fermement convaincu que l'antisémitisme n'est qu'une fermentation passagère, une effervescence de surface. Le cri de *Mort aux juifs* a marqué l'apogée et par conséquent le déclin commençant du mouvement.

Il a réveillé des gens qui en suivaient la marche avec une sympathie vague ou une molle indifférence : il en a fait saillir le danger.

Désormais la lutte contre l'antisémitisme est en bon train et elle va rentrer dans la lutte plus générale contre le cléricalisme. De ceux qui composent les troupes antisémites, la plupart partageront le sort que la grande bataille imminente entre l'esprit moderne et celui de l'Eglise catholique fera aux revenants du moyen âge ; quelques-uns iront au socialisme qui satisfera leur légitime aversion pour les seigneurs de la haute banque. Et il ne restera plus de ce stérile bouillonnement d'écume qu'un mauvais souvenir, utile avertissement à ceux qui ne se défient pas assez des retours offensifs du passé et qui seraient tentés de se relâcher dans la tâche ardue d'assainir et d'élever les intelligences.

Agréez, etc.

GEORGES RENARD.

VII

SIR JOHN LUBBOCK

Nous avons reçu du célèbre écrivain anglais une courte lettre dont voici la traduction :

House of commons, 18 mars 1898.

Monsieur,

J'ai reçu en son temps votre lettre du 16 courant, mais j'ai peur de ne pouvoir répondre à vos questions pour la raison bien simple qu'il n'y a dans ce pays, contre les juifs, aucun des ressentiments dont vous parlez; au contraire, ils sont et sont reconnus comme d'excellents et honnêtes concitoyens.

Nous admirons leurs hautes qualités et nous les considérons comme une fraction notable de notre société.

J'ai l'honneur d'être, etc.

JOHN LUBBOCK.

L'auteur de l'*Emploi de la Vie* nous témoigne son admiration pour les juifs. Ce n'était certes pas ce que nous lui demandions. L'esprit de cette enquête n'est pas de faire une apologie ou un réquisitoire. Nous voulons des faits, des explications, un historique, et non des considérations subjectives. En tout cas, il faut retenir ceci de la réponse de M. John Lubbock : il n'existe pas de sentiments antisémitiques en Angleterre.

VIII

L'ABBÉ LEMIRE

A l'air embarrassé du député du Nord, je devine que la question antisémite n'est pas l'objet de ses constantes préoccupations :

« Je refuse de prendre part à l'agitation antisémitique, me déclare l'abbé Lemire. Je tiens à garder sur le terrain religieux cette *neutralité bienveillante* dont je ne me suis jamais départi. »

Vous ne pouvez cependant négliger certaines considérations.

N'a-t-on pas dit quelquefois dans les journaux

catholiques et monarchistes que les Juifs étaient des agents de *déchristianisation* ?

— Qu'entendez-vous par là ? me demande l'abbé Lemire ?

— Je fais allusion aux intransigeants de l'opposition de droite qui accusent les Juifs d'avoir été les auteurs ou les inspirateurs des lois de laïcisation, de sécularisation.

— Je ne puis vous répondre, car il faudrait pouvoir pénétrer les consciences pour s'en assurer. Cependant je crois plutôt que cela tient, sans doute, à l'ensemble des institutions républicaines.

— Ainsi, personnellement, vous ne vous associez pas à cette agitation ; il y a pourtant des prêtres, vous ne l'ignorez pas, qui prennent au contraire une part active à l'organisation de l'antisémitisme.

— Oui, je le sais, l'abbé Garnier entre autres. Mais cela n'engage que lui.

— Il est vrai que le Conseil national de la Démocratie chrétienne m'avait prié de collaborer à son action, mais je n'ai pas consenti à m'engager dans cette voie. Je m'occupe exclusivement de questions sociales, je me place au point de vue humain et non au point de vue confessionnel.

Ainsi, il y a quelques mois, j'ai prononcé à Lyon un grand discours que je vais publier et dans lequel je déclare qu'il est indispensable de proclamer *les droits du travailleur*, comme suite aux *droits du citoyen* conquis par la Révolution française.

En cela je me conforme à l'esprit et aux instructions générales de l'encyclique de notre saint père le pape. Mais, je vous le répète, dans la question

juive, ou mieux antisémitique, je n'interviendrai
pas. Seulement, je combattrai ce qu'on appelle com-
munément *la juiverie*.

— Ah ? Mais qu'entendez-vous par là, monsieur
l'abbé ?

— Eh bien, mais je veux parler des spéculateurs,
des agioteurs, des financiers cosmopolites, lesquels
appartiennent non seulement à la religion juive,
mais à la religion catholique ou protestante.

Fort bien, la Juiverie n'est donc qu'un abus
d'expression ?

L'abbé Lemire fait un geste évasif et me dit en
manière de conclusion :

— Sur la question antisémitique, comme sur la
question anticléricale, enfin, comme sur la plupart
des questions confessionnelles, je m'abstiens, préférant consacrer mon temps aux intérêts sociaux
des travailleurs.

IX

M. YVES GUYOT

Ancien ministre, directeur du « Siècle ».

— Quelle est l'origine de l'agitation antisémitique ?

— Elle est venue d'Allemagne ; mais les jésuites
en ont tiré un merveilleux parti.

Brunetière a raison quand il considère l'antisémitisme comme la revanche de toutes les victimes du
16 Mai contre la République.

C'est la revanche aussi de la vieille aristocratie
territoriale contre la finance, l'industrie et le commerce.

— Quel est le caractère de l'antisémitisme : religieux, ethnique ou économique ?

— L'antisémitisme est une des formes de l'intolérance religieuse ; le côté ethnique est insignifiant
en France.

Il est aussi une des formes du protectionnisme.

« Débarrassez-vous de concurrents travailleurs,
persévérants, patient et établis. »

— Quelles sont les catégories de personnes qui
participent à cette agitation ? Pourquoi les prolétaires se désintéressent-ils de ce mouvement?

— Y participent : les jésuites, — les dévots, — les
nobles, véritables ou faux — les dames du faubourg
Saint-Germain qui ne pardonnent aux dames juives,
ni leurs loges à l'Opéra, ni leurs diamants, ni leurs
équipages, ni leurs hôtels, etc.

Beaucoup de salariés sont antisémites maintenant :

1º Par suite de survivances religieuses ;

2º Parce qu'ils comprennent, sous le nom de juifs,
tous les riches, — Drumont met ensemble Rothschild
et Lebaudy.

— Quelles sont les mesures proposées par les
antisémites ?

— Elles sont vagues. Aucun n'a osé en France
formuler une proposition de loi complète.

L'amendement Fleury-Ravarin pour tuer la constitution, adopté par le gouvernement et le Parlement, est une mesure antisémitique.

— Quelles seraient les conséquences des mesures antijuives au point de vue social ?

— Encore plus désastreuses que celles de la révocation de l'Édit de Nantes.

— Quel est l'avenir probable de cette agitation ?

— J'espère dans la France de Voltaire. Il est vrai que cette France a supporté le Deux-Décembre.

Malgré tous les efforts que peuvent tenter les protecteurs et les protégés de Drumont je ne crois pas qu'ils nous fassent rétrograder avant 1789.

Les réponses de M. Yves Guyot sont laconiques mais précises. A son point de vue, l'antisémitisme aurait un double caractère : à la fois religieux et économique.

Le caractère économique ne peut laisser de doute dans l'esprit de personne : C'est bien, en effet, « à la revanche de l'aristocratie territoriale contre l'aristocratie financière, industrielle et commerciale » que nous assistons.

Gyp a infiniment d'esprit, mais pas assez cependant pour dissimuler son amertume en présence des *parvenues* aux nez crochus. Ces diamants, ces équipages, ces hôtels qui font grincer de colère sa plume, sont choses naturelles aux mains de l'aristocratie. M. Yves Guyot a raison — ici : — Les dames du noble faubourg ne pardonnent aux juives ni leur splendeur, ni leur royauté nouvelle. Mais le sentiment qui les anime n'est pas d'un ordre très élevé. Le mépris de l'argent ? Allons donc ! Le dépit et voilà tout.

Quant au caractère religieux, M. Yves Guyot me semble lui attribuer une importance un peu exagérée dans l'agitation antisémitique. Dire que des prolétaires sont antisémites par l'effet de survivances religieuses me paraît un peu risqué. La situation des prolétaires devient de plus en plus difficile malgré la réelle expansion de la richesse dans le monde. Ceux qui n'ont pas les lumières suffisantes pour comprendre que cela tient non à une catégorie de capitalistes mais au régime capitaliste lui-même, s'en prennent forcément aux juifs et sont excités en outre par les chefs de l'antisémitisme.

Je conçois, d'ailleurs, que M. Yves Guyot se soit abstenu de me donner cette explication...

X

M. ALBERT RÉVILLE

Professeur au Collège de France.

Historien des Religions, M. A. Réville a écrit plus de vingt volumes de critique, d'histoire, de documents ou de polémique. Citons parmi les plus importants : *Etudes critiques sur l'Evangile selon saint Matthieu. — Essais de critique religieuse. — Théodore Paker*, etc.

L'opinion d'un esprit aussi compétent en matière

de science religieuse s'impose nécessairement à notre enquête.

Voici ce que M. Réville nous a répondu :

Le temps et, j'ajouterai, la connaissance détaillée des faits, choses et personnes me manquent absolument pour répondre comme il conviendrait aux questions posées sur l'Antisémitisme dans le programme de votre enquête. Je ne saurais vous en parler que d'une manière générale en me fondant sur les manifestations notoires de ce mouvement complexe et sur ses conséquences déjà trop visibles.

Je lui reproche en tout premier lieu de porter une enseigne menteuse. Ses promoteurs ont voulu faire prendre ce qui était bel et bien une guerre dirigée contre une société religieuse particulière pour une guerre déclarée à une race étrangère. Ils savaient bien qu'ils n'auraient pas beau jeu en relevant de nos jours et dans notre pays le drapeau de la guerre religieuse proprement dite, mais qu'ils pourraient faire converger vers l'antijudaïsme un ensemble de préjugés, de jalousies, d'antipathies irraisonnées, de convoitises, en les colorant d'un faux patriotisme. Les peuples sémites représentent un groupe d'anciennes nationalités, qui ont les unes disparu, les autres survécu (Arabes, Syriens), et dont les Israélites ont fait jadis partie. Mais s'il se trouve parmi les juifs d'aujourd'hui des descendants de l'ancien Israël, ils sont loin d'en constituer le seul élément. Il faut y ajouter les descendants des nombreux

Grecs et Latins ou Occidentaux qui s'étaient attachés au judaïsme dans les siècles qui précédèrent de
peu et suivirent de près l'ère chrétienne ; plus, les
peuplades dont une au moins fut nombreuse, les
Khasors, peuple finno-slave, qui adoptèrent le judaïsme vers le septième siècle.

De sorte que les juifs d'aujourd'hui sont, comme
les Français eux-mêmes, la résultante de plusieurs
races entremêlées.

Donner un nom de guerre générique à l'hostilité
dirigée contre un seul groupement d'ordre religieux
que l'on s'imagine constituer au milieu de nous une
race à part, c'est à peu près comme si la Russie, déclarant, je suppose, pour raisons particulières la
guerre au Portugal prétendait arborer contre lui
l'étendard de l'antilatinisme. Première sottise ou
première malice qui en a engendré beaucoup
d'autres.

Il me paraît évident, et d'ailleurs les chefs de
l'antisémitisme l'avouent eux-mêmes, que leur but
a été, sous couleur de nous délivrer d'une race qui
nous asservit et nous exploite, de commencer par
elle une campagne systématiquement dirigée contre
les non-catholiques. Comme cette prétendue race
est une religion, on habituait ainsi l'esprit moderne
qui réprouve l'intolérance religieuse à proscrire
comme jadis les mécréants pour des raisons, non
pas théologiques cette fois, mais sociales. Bientôt —
et le jour en commence à poindre — il suffirait de
modifier un peu les arguments pour les tourner
contre les protestants, les francs-maçons et même
les catholiques tièdes, sous prétexte que la France

est essentiellement catholique et que quiconque n'est pas catholique n'est pas Français, que par conséquent tout mauvais catholique est mauvais Français. La devise adoptée par l'antisémitisme « la France aux Français », signifierait donc en dernière analyse : « La France aux cléricaux. »

De là viennent, cette conséquence étant perçue par les uns, simplement pressentie par les autres, les concours empressés que l'antisémitisme a trouvés dans le monde clérical.

Accusant les juifs de drainer le capital national à leur profit et proposant en termes plus ou moins couverts de les dépouiller, l'antisémitisme a rencontré aussi des alliés dans les partis socialistes à tendance collectiviste. Il parle toujours comme si les juifs étaient presque tous riches, ce qui est tout le contraire de la vérité. Il y a de nos jours de brillantes fortunes juives ; la grande majorité des juifs en Europe est très pauvre. Mais on ne le sait pas, et il y a eu des socialistes à tendances collectivistes pour se réjouir à l'idée qu'on allait ainsi *nationaliser* une bonne partie du capital indûment monopolisé par ses détenteurs actuels. D'autres toutefois, du même bord, mais plus intelligents et plus justes, ont compris qu'il n'y avait pas de raison de confisquer le capital juif si l'on ne touchait pas aux autres capitaux.

Ils ont flairé ce qui se cachait sous cet appel fait à leurs opinions, ils ont reconnu Loyola tapi derrière les décors de l'antisémitisme et ils ont décliné l'invitation. Mais beaucoup avaient déjà donné dans le piège et fait chorus avec les ennemis des *youpins*.

Enfin, en vertu de cette loi que les gens qui ne savent se débarrasser d'un préjugé atavique dont ils sont eux-mêmes quelque peu honteux, ne pouvant s'en cacher tout à fait — l'injustice ou la niaiserie sont toujours enchantées d'une théorie qui semble donner à leur préjugé le vernis de la consécration rationnelle et motivée — beaucoup qui détestaient les juifs sans savoir pourquoi, uniquement « parce qu'ils n'aiment pas ces gens-là », ont prêté une oreille complaisante aux divagations souvent calomnieuses et aux violentes attaques des porte-parole de l'antisémitisme.

Peu à peu leur préjugé s'en est trouvé renforcé, est devenu passionné ; ils ont cru qu'il était absolument justifié et à leurs yeux, désormais, il suffit d'être juif pour être capable de tout. Dans une telle disposition d'esprit on prend le moindre indice pour une charge écrasante, la moindre singularité pour la révélation d'un crime, le moindre fétu pour une poutre. Il en est comme des malheureux atteints du délire de la persécution qui voient une preuve irrécusable des noirs complots tramés contre eux par leurs ennemis imaginaires dans le fait que leur omelette avait un goût de brûlé ou que leur bas gauche n'était pas à sa place ordinaire quand ils ont voulu le mettre en sortant du lit.

Faut-il ajouter que, dans ces derniers temps, effrayés de l'idée qu'on pourrait bien leur enlever leur cher « traître juif » en démontrant preuves en main qu'on s'était trompé en le déclarant coupable, les antisémites ont réussi à alarmer un patriotisme plus ardent qu'éclairé et à faire croire qu'on voulait

réparer une injustice commise par entraînement plus
que par volonté. N'était-ce pas au contraire un ser
vice à lui rendre?

Les défauts et les torts qu'on reproche aux Juifs
ne sont le fait que d'une infime minorité. Ce sont ce
qu'on peut appeler les vices professionnels d'une
société religieuse proscrite pendant une longue
série de siècles, à chaque instant chassée, dé-
pouillée, atrocement persécutée et confinée exclusivement par ces persécutions dans les métiers
de brocantage et de finance. De là une grande
habileté héréditaire et les grands services qu'au
moyen âge ils ont rendus à la civilisation nais-
sante.

De là aussi chez quelques-uns d'entre eux le pen-
chant à la rapacité et à l'usure. Nous pensons qu'il
ne manque pas de chrétiens qui rivalisent avec ces
juifs-là dans le même genre d'industrie. Mais confondre l'ensemble des juifs avec eux, c'est comme
si l'on prétendait qu'il n'y a plus un seul notaire
honnête en France parce qu'un certain nombre de
ces officiers ministériels ont dû passer en Cour d'as-
sises.

Il y aurait encore énormément à dire sur ce chapitre. Ceux qui, comme moi, ont pu connaître la
société juive de Paris sans en faire partie savent
combien elle compte de familles absolument hono-
rables, combien elle a fourni d'hommes éminents à
la science, à l'administration, à l'art, à l'armée
elle-même, combien il y a chez elle d'attachement à
la France comme au pays qui a le premier émancipé
complètement ces victimes de l'ancienne intolé

rance. Au moyen-âge, quand on avait chassé les
juifs, les pertes subies par le commerce et l'industrie du temps faisaient que le plus souvent on se
voyait forcé de les rappeler. Il en serait encore de
même aujourd'hui, sinon dans la même mesure, du
moins dans une proportion encore très sensible.
Notre puissance nationale, au triple point de vue
financier, industriel et scientifique, en recevrait un
coup très funeste. Nous avons subi sur nos fron-
tières une mutilation douloureuse après nos dé-
sastres en 1870. Nous espérons toujours et quand
même récupérer les provinces ravies malgré elles à
notre unité française. La proscription des juifs ne
serait pas seulement un anachronisme; ce serait une
seconde mutilation, cette fois à l'intérieur.

Je ne sais rien de la personnalité ni de la vie
privée des promoteurs de l'antisémitisme; par conséquent, je m'abstiens de les juger comme hommes.
Mais si je considère l'esprit de leur campagne antijuive, les conséquences qu'elle a déjà produites et
celles dont elle nous menace, je ne puis voir en eux
que des malfaiteurs publics.

XI

ÉLISÉE RECLUS

L'éminent géographe, l'infatigable apôtre des revendications du prolétariat, m'envoie de Bruxelles la lettre suivante :

Mon cher camarade,

Je n'ai écrit aucune brochure sur la question des sémites et des antisémites et ne puis donc rien vous envoyer.

J'ai fait une conférence sur ce sujet, mais sans en rédiger le texte.

Cependant j'aurais mauvaise grâce à ne pas répondre à votre questionnaire et je m'exécute un peu à contre-cœur, car les questions qui nous sont posées le sont toujours autrement qu'on ne les poserait soi-même :

Tout phénomène social — l'antisémitisme comme les autres — est d'origine très complexe et varie en chaque pays et chaque année.

Actuellement, en France, l'Antisémitisme qui nous assourdit est un mouvement très superficiel, sans causes profondes et sans portée, dû presque en entier à la basse envie de candidats distancés dans les concours, de fonctionnaires écartés dans la distribution des places.

Comparés aux chrétiens, les juifs, à n'en pas

douter, leur sont de beaucoup supérieurs par la moyenne de l'instruction ; de même ils l'emportent en solidarité et s'entr'aident davantage *per fas et ne fas.*

Ils ont donc toute chance de mieux réussir dans la carrière des fonctions et des honneurs et tous les ambitieux ratés leur en veulent.

L'Antisémitisme est surtout une rivalité vile, et, d'avance, est frappé moralement, puisqu'il ne fait appel à aucun principe de justice.

Si la préfectaille israélite provoque le dégoût, bien plus ignominieuse encore est la tourbe de ceux qui hurlent : « A bas les juifs ! » dans l'espérance de les remplacer.

Très naturellement « les salariés et les sans-travail se désintéressent de ce mouvement », parce que les détenteurs du capital, maîtres et parasites, se ressemblent tous, qu'ils soient juifs ou chrétiens. Pourquoi changer de patrons s'ils procèdent tous de la même manière à l'égard de leurs ouvriers ?

L'argent chrétien, l'argent juif ont la même odeur.

La faim est aussi poignante si elle est imposée par un fils de Japhet ou par un fils de Sem ; Shylock et Vautour découpent avec la même âpreté dans les corps vivants leur livre de chair humaine.

« Les mesures proposées par les antisémites ? » Vous les connaissez : on parle de mort, d'exil, d'internement, de spoliation.

Déjà il y eut des meurtres ; il y en aura certainement encore. On a pillé des boutiques, on en pillera d'autres, et, sans attendre le bannissement, nombre de juifs s'en vont d'eux-mêmes pour échapper aux insultes. Mais ces faits ne produiront qu'une émotion passagère et la question juive ne détournera que pour un moment les esprits de la grande question qui s'applique à tous, juifs, chrétiens, musulmans ou païens d'origine :

Est-il juste que des hommes meurent de faim ?

Est-il juste que des millions et des millions de francs, représentant autant de millions de vies humaines, s'accumulent dans le coffre-fort d'un seul ?

Est-il juste que le travail ou la ruine dépendent du caprice d'un milliardaire ?

Et puisque ces faits monstrueux se produisent réellement, n'est-il pas juste que les faméliques se révoltent et reprennent de haute lutte ce qui leur appartient : l'avoir social dû au travail de tous ?

Je crois que les prétendues haines de race n'arrêteront plus longtemps la société dans l'accomplissement de sa grande œuvre.

XII

M. DE MOLINARI

*Rédacteur en chef du « Journal des Économistes »
correspondant de l'Institut.*

M. de Molinari dirige l'une des plus importantes publications du monde économiste. Auteur de nombreux ouvrages sur la vie sociale, il vient de faire paraître encore un volume : *Grandeur et décadence de la guerre*. Il a également présenté au public le livre de M. Chmerkine sur les *Conséquences de l'antisémitisme en Russie*.

— Quelle est la nature de cette agitation, religieuse ou économique ?

— Je considère cette maladie sociale, nous répond M. de Molinari, comme ayant sa source dans l'intolérance religieuse.

— Croyez-vous qu'elle ait conservé de nos jours ce caractère-là ?

— Non, certes. Une certaine tolérance dans nos mœurs et aussi l'affaiblissement du sentiment religieux ont fini par apaiser les haines violentes et calmer les persécutions dont les juifs furent l'objet durant plusieurs siècles.

Aujourd'hui tout semble enseveli de ce passé d'iniquités ; mais voici que les haines se rallument, non plus par l'effet du sentiment religieux, ce qui,

en somme, ne présenterait aucun caractère de bassesse, mais à cause de l'envie qu'excite la fortune
chez ceux qui ne l'ont plus.

— Pourquoi les juifs eurent-ils cette prédisposition séculaire pour le trafic de l'argent ?

— Mais, parbleu, ils n'avaient que ce métier-là
pour vivre. L'Eglise, par la bouche de ses Pères,
avait condamné le prêt à intérêt ; elle l'interdisait à
ses fidèles, de sorte que les juifs devinrent les dis-
pensateurs du crédit et qu'ils acquirent une puissance financière à laquelle leurs persécuteurs, rois
ou empereurs, furent obligés d'avoir recours très
souvent.

Plus tard, cette puissance financière se développa
grâce aux progrès de la technique industrielle.
Alors les aptitudes professionnelles des juifs se
fortifièrent et leur donnèrent une prépondérance
sur le marché des capitaux. On vit alors cette race,
naguère objet de mépris public, exciter la jalousie
des concurrents moins adroits ou moins heureux.
L'intolérance économique ressuscita l'intolérance
religieuse.

— Connaissez-vous les mesures proposées par les
agitateurs antisémites ?

— Oui. Ils ont fait connaître leur programme au
Congrès catholique et antisémitique de Lyon au
mois de novembre 1896.

— Quelles en furent les résolutions principales ?

— D'abord exclure les juifs de toutes les fonctions
publiques, ensuite dresser des listes de commerçants juifs avec organisation de ligues locales des-
tinées à les priver de leur clientèle. En un mot les

forcer à émigrer. C'est une espèce de boycottage économique.

— Quelles conséquences sociales en résulte-rait-il ?

— Vous savez ce qu'a coûté à la France la révocation de l'édit de Nantes. Les protestants allèrent doter l'Allemagne et l'Angleterre des industries où ils excellaient. De nos jours, on a fait en Russie une expérience qui a coûté cher également. Lisez le livre de Chmerkine, professeur à l'Institut de Rudy; il démontre que la famine qui sévissait en Russie, au moment où la récolte était abondante, n'a pas eu d'autre cause que les mesures d'expulsion prises contre les juifs intermédiaires qui avaient pour fonction de porter les subsistances d'une localité à l'autre. Bien pis encore. Le petit nombre de commerçants qui étaient devenus, *ipso facto*, les maîtres du marché (qu'ils étaient impuissants à approvisionner), purent maintenir les prix à des taux extraordinaires.

Les chiffres de Chmerkine sont éloquents et concluants : les arriérés des impôts dans la zone d'habitation juive ne dépassent pas 26 copecks par tête, tandis qu'ils s'élèvent à 83 copecks dans les gouvernements de la grande Russie.

— Comment expliquez-vous cet étrange phénomène ?

— Dans les gouvernements de la grande Russie, le paysan est réduit à subir les conditions qui lui sont imposées par le petit nombre des prêteurs ou des marchands investis d'un monopole aux époques de l'année où il est obligé de payer ses impôts et ses dettes. Tandis que dans la zone juive la concurrence intervient pour préserver l'emprunteur et le vendeur de l'exploitation féroce du besoin qui le presse.

— Est-ce à dire que les juifs seraient moins âpres au gain que les autres?

— Non, non, me dit en riant M. de Molinari. J'accorde même qu'ils le sont davantage. Mais la concurrence les contraint à modérer leurs exigences et à se contenter du prix du marché; au contraire, dans les gouvernements où l'expulsion a créé un monopole au profit des autres prêteurs, la population est à leur merci.

D'ailleurs, voici des chiffres cités par Chmerkine : le taux des prêts agricoles dans les villes d'où la concurrence juive est exclue s'élève à plus de 500 pour 100, et le blé, à l'époque de la famine, s'est vendu dans les mêmes gouvernements jusqu'à 1 rouble 70 copecks le poud, tandis qu'il ne revenait pas à plus de 40 copecks aux marchands orthodoxes.

Aussi, en Russie on s'aperçoit un peu tard que les mesures d'expulsion ont été plus onéreuses et plus cruelles pour les populations orthodoxes que pour les juifs eux-mêmes.

— Vous m'avez expliqué le caractère de l'antisémitisme en Russie, pourriez-vous me dire quel il est en Algérie?

— En Algérie, c'est encore une question de concurrence entre colons venus de France et juifs commerçants établis de longue date. Les Français qui émigrent vers l'Algérie partent avec l'idée de faire

3.

fortune rapidement et par toutes sortes de moyens. Seulement ils rencontrent, sur le champ de bataille, des commerçants juifs, installés merveilleusement, doués d'aptitudes remarquables pour le négoce et le trafic, et alors on comprend facilement la rancune, la jalousie et l'envie qui s'emparent d'eux en face de tels adversaires.

— Ainsi l'Antisémitisme est une guerre d'intérêts?

— Pas davantage. Mais les passions religieuses, non encore éteintes, se rallument quelquefois en face de cette concurrence.

— Que pensez-vous de l'œuvre de Drumont?

— Je pense qu'elle est mauvaise et que lui-même, sans doute, n'en calcule pas toute la portée.

XIII

M. CÉSARE LOMBROSO

Professeur de clinique psychiatrique.

Le chef de l'école italienne de criminologie, l'auteur d'un livre retentissant, l'*Homme criminel*, qui a suscité de si vives polémiques dans le monde scientifique (la théorie lombrosienne fut attaquée par MM. Manouvrier, Brouardel, Féré, Lütz, Baër, etc.), m'envoie de Turin la lettre suivante :

Monsieur,

L'origine de l'antisémitisme ne peut pas se résumer en quelques mots. La cause la plus grande, c'est l'antagonisme entre les pauvres et les riches. Sa puissance dérive du lien réciproque et d'une plus grande énergie intellectuelle due à la sélection opérée par les persécutions, mais surtout aux influences du clergé et du Vatican qui, sous prétexte de venger le bon Dieu, — malgré qu'il ait déjà pardonné sur la Croix, — cherche à suffoquer les âmes qui représentent par certains côtés la modernité et les idées nouvelles.

La raison, aussi, est qu'une grande partie de la France est druidique et cléricale.

La France a fait son 89 sous l'influence des grands encyclopédistes. Maintenant, sous l'influence du Vatican et de ses inspirés Brunetière, Proal, Izoulet, de Mun, etc., elle fait un 89, à rebours et avec plus d'entraînement, car elle y trouve une correspondance au substratum druidique : *Gesta Dei per Francos*. On ne demande plus de bébé, car l'homicide est déjà disparu, même du côté des criminels qui sont devenus escrocs, mais on demande et on obtient des victimes augustes.

L'état de l'Espagne qui a obtenu le complet triomphe de l'antisémitisme sur les Arabes et sur le juifs, confronté à celui de la Hollande, nous montre ce qui peut advenir des pays où l'antisémitisme triomphe (1).

(1) M. Lombroso vient de publier chez Giard une brochure sur *l'Antisémitisme*. J'en ai fait, ailleurs, une brève analyse.

XIV

M. LE BARON GAROFALO

*Substitut du procureur général près la Cour d'appel
de Naples.*

M. Garofalo, auteur de la *Criminologie*, représente
avec MM. Lombroso et Enrico Ferri cette célèbre
école italienne qui a voulu fonder — un peu hâtive-
ment du reste — l'anthropologie criminelle sur
l'idée très controversée du type criminel. Voici l'in-
téressante réponse que ce magistrat nous envoie de
Rome :

Rome.

Monsieur,

J'aurais voulu trouver quelque chose qui pût
vous intéresser sur les questions qui sont l'objet de
votre enquête et ajouter quelques observations
personnelles à celles que vous recevez de tous
côtés. Mais je me suis aperçu que, en Italie et surtout à Rome et à Naples, les villes que j'habite, je
n'aurais pas trouvé matière à des développements.

La question de l'antisémitisme n'existe pas chez
nous, ou, si elle existe, ce n'est qu'à un état tout à
fait latent.

Ce qui n'empêche pas que, comme chez vous, où

elle n'existait pas non plus il y a dix ans, elle ne puisse surgir tout à coup.

Je vous dirai donc pourquoi nous n'avons pas d'antisémitisme à l'état aigu. Ce n'est pas répondre à vos questions, je le sais bien, mais je pense que cela vaut mieux que de parler d'un mouvement qui n'a pas d'intérêt pour nous et sur lequel nous ne pourrions, par conséquent, que répéter ce qu'on a dit ailleurs.

Il n'y a pas en Italie un nombre excessif de juifs; dans le Midi surtout ils sont très rares dans toutes les classes et on les remarque très peu.

Dans les petites villes de la haute Italie c'est différent; il y en a beaucoup dans le commerce, dans la haute banque; une grande partie des journaux sont entre leurs mains. Même chose à dire pour Rome quant au journalisme.

Mais à Rome comme à Naples ils n'ont pas d'éclat, ils n'habitent pas encore les palais de la vieille aristocratie, ce qui arrive dans plusieurs endroits de la Haute-Italie.

Dans la politique, ils n'ont pas d'attitude décidée. Enfin, on ne s'aperçoit de leur puissance que dans les affaires, où ils ne sont pas plus mauvais que les chrétiens, quoiqu'ils soient plus prudents, ce qui n'est pas à blâmer.

Sans doute, en Italie comme partout, ce n'est pas de la sympathie qu'ils recueillent généralement.

Cela tient d'abord à ce que l'usure est toujours leur moyen principal d'enrichissement, et que, tout riches qu'ils sont, ils ne s'en dégoûtent pas. Ensuite c'est leur idée que tout est à acheter dans ce monde, ce qui est vrai le plus souvent, mais dont on n'aime pas à convenir.

Il n'y a pas en Italie de mouvement populaire contre les Juifs. Pourquoi y en aurait-il un ? On sait qu'ils se connaissent entre eux, qu'ils s'entr'aident... Mais l'Italie est malheureusement accoutumée à des sectes bien plus dangereuses, parce qu'elles sont malfaisantes, ce qu'on ne peut pas reprocher aux Juifs.

Au point de vue de la nationalité, on ne peut rien avoir contre eux; ils prennent part à la vie politique et sont fiers de l'égalité des droits qu'on leur a reconnus depuis longtemps.

Ce n'est que dans les salons qu'on les attaque, mais pourquoi ? A cause de leurs manières de parvenus dont ils ne savent jamais se défaire entièrement. On cite des traits, on insiste sur leur manie de renseigner le monde sur leurs dépenses avec une indifférence tellement affectée qu'on y voit toujours poindre le regret de ce qu'ils ont payé ; ce qui fait toujours penser au juif légendaire, sale et couvert de haillons, mais ayant des trésors cachés dans son grabat.

Enfin on est agacé de ce qu'ils gagnent tant d'argent, de ce qu'ils deviennent des directeurs de banque, des financiers. Mais on n'a pu formuler contre eux aucune accusation sérieuse. Sans doute, on s'est souvent écrié qu'il faudrait les enfermer à nouveau dans le *ghetto* et des traits pareils sont toujours accueillis par des murmures d'approbation. Ce qui prouve — comme je l'ai dit plus haut

— qu'on n'a pas de sympathie pour eux (sauf, bien entendu, des exceptions).

Mais il y a loin d'un manque de sympathie à une agitation nationale. L'antisémitisme italien n'a donc pas d'importance, il n'attire pas l'attention des sociologues, ni celle des classes politiques.

Une agitation antisémite ne pourrait être provoquée qu'artificiellement et elle s'éteindrait tout de suite.

GAROFALO.

XIV

M. E. DUCLAUX

De l'Académie des Sciences.

Rue de Fleurus, à quelques pas du Luxembourg paré de verdures nouvelles, je trouve M. Duclaux dans son cabinet de travail. Deux fenêtres s'ouvrent sur un jardin planté de beaux arbres où gazouille un peuple d'oiseaux.

Une solitude fraîche, propice au travail et à la méditation.

M. Duclaux parle avec la simplicité et la modestie des vrais savants. Il ne se targue pas de connaître l'exacte vérité sur des questions qui lui sont peu familières. J'ose lui demander néanmoins l'idée qu'il se fait de l'agitation antisémitique :

— Je n'ai pas l'habitude, me répond-il, de vaticiner sur des sujets qui ne sont guère de ma compétence, et ce que je pourrai vous dire n'ajoutera pas grand'chose à votre enquête.

— En tout cas, vous avez certainement une opinion là-dessus, et comme je me suis imposé la tâche de recueillir l'avis des hommes de science, précisément parce qu'on ne songe guère à les interroger d'habitude, je vous saurais gré de me faire connaître votre sentiment en toute indépendance. A quoi attribuez-vous l'agitation antisémitique? Vous savez que les uns y voient une survivance des vieilles querelles religieuses, d'autres une antipathie naturelle provenant de la différence des races, d'autres enfin, et les plus nombreux, une forme de la concurrence économique.

— Il se peut, nous répond M. Duclaux, que les facteurs que vous énumérez entrent pour une part dans cette agitation. Mais j'estime, quant à moi, qu'il faut y voir surtout une rivalité d'intérêts, une jalousie de gens déçus, malheureux ou malchanceux. C'est le vieil « Ôte-toi de là que je m'y mette ».

— Que pensez-vous des opinions de M. Edmond Picard, auteur d'un ouvrage intitulé : *Synthèse de l'Antisémitisme*, dans lequel le sénateur belge considère les Juifs comme une race fatalement inassimilable, irréductible?

— La race, la race! Mais sait-on jamais à quoi s'en tenir là-dessus. Est-ce que la guerre, les exodes, les émigrations, n'ont pas profondément transformé le caractère primitif de chaque race?

— Vous convenez, pourtant, qu'il subsiste des caractères spécifiques et surtout psychologiques de la race juive : par exemple cet esprit de solidarité, de tribut comme l'appelait M. Levasseur, qui constitue un des traits de leur psychologie.

— Oui, mais en conscience, peut-on leur en faire un reproche ? N'y a-t-il pas au contraire de quoi les louer en l'espèce ? Ne ferions-nous pas mieux de suivre leur exemple et de nous entr'aider davantage ? Cette solidarité, on l'a dit bien souvent, est une habitude héréditaire provenant de la situation spéciale qu'ils avaient autrefois dans la vie publique. Il me semble que c'est une qualité dont il faut les féliciter.

— Connaissez-vous la thèse de M. Brunetière qui fait remonter à Renan, à Darmesteter et aux anthropologistes l'origine philosophique de l'agitation antisémitique ?

— Oui, oui, je la connais, et je viens précisément d'y répondre dans la *Revue du Palais* (1) sur la demande de M. Decori. La thèse de M. Brunetière est absolument fausse. Il est inconcevable qu'on soit obligé de dire des choses si évidentes et de répondre à de pareilles fantaisies. Si Renan vivait encore il accueillerait par... un sourire l'article de M. Brunetière. A-t-on jamais vu que les idées des philosophes ou des hommes de science aient influencé la foule au point de la mettre en effervescence ! Non, non, il n'y a dans l'antisémitisme que des rivalités d'intérêt.

1) Aujourd'hui : *La grande Revue.*

— Avez-vous remarqué que ce mouvement est peu répandu dans les classes pauvres, tandis qu'il agite plutôt les classes moyennes, la petite bourgeoisie par exemple?

— Il paraît qu'il en est ainsi; cela confirme d'ailleurs ce que je disais sur la rivalité des intérêts. Petits commerçants, petits industriels, ont peut-être des raisons plus directes de se plaindre de la concurrence juive, mais je crois qu'ils doivent ressentir également les effets de la concurrence catholique, protestante et libre-penseuse.

D'ailleurs, si les ouvriers se plaignent très peu de l'action juive, on les entend récriminer quelquefois contre les ouvriers italiens et en général contre l'embauchage par les patrons des ouvriers étrangers. Évidemment, ce n'est pas sans cause : on sait que les ouvriers étrangers travaillent souvent à bas salaires, ce qui provoque évidemment des protestations, des rancunes et des batailles chez les ouvriers nationaux. Mais le moyen d'empêcher cela? Peut-on défendre aux ouvriers étrangers de gagner leur vie? Peut-on imposer aux patrons de prendre une main-d'œuvre plus chère qui ne leur convient pas quelquefois?

Ces questions ne sont pas commodes à résoudre, vous le voyez. Expulser les ouvriers étrangers, expulser les juifs, cela ne changerait pas grand'chose dans le sens d'une amélioration générale. La tolérance, l'appui mutuel, sont beaucoup plus sages. Mais y arrivera-t-on?

— Connaissez-vous la forme de cette agitation en Algérie, sous l'impulsion de certains journaux?

— Oui, c'est une campagne de délation. C'est du propre.

— Savez-vous que des ouvrières juives, dont le salaire s'élève à 1 fr. 50 et 2 fr., sont dénoncées par des journaux antijuifs pour provoquer leur expulsion des ateliers où elles travaillent?

— Oui, c'est ignoble, ignoble.

— Quel avenir présagez-vous à l'agitation antisémite?

— Je n'ai pas d'opinion certaine là-dessus. Le boulangisme était un mouvement plus violent et plus général encore, vous voyez quel a été son dénouement. Qu'adviendra-t-il de l'antisémitisme, je l'ignore; les peuples sont secoués par des accès de fièvre dont on ignore les causes.

— Ne croyez-vous pas qu'il y ait quelque analogie entre le Boulangisme et l'Antisémitisme? N'apercevez-vous pas quelque symptôme de malaise social indépendamment de l'action des chefs de bande?

— Il se peut, il se peut, c'est même probable, mais tout cela est bien délicat.

Sur ces mots, nous prenons congé du savant qui se remet à sa tâche quotidienne, tout près des ombrages rafraîchissants du jardin.

XVI

M. CHARLES GIDE

Professeur d'économie politique.

Auteur d'un traité d'économie politique, rédacteur à plusieurs revues françaises et étrangères, M. Charles Gide occupe une place à part dans le monde des économistes. On peut le considérer comme un doux hétérodoxe à cause de la foi qu'il fait paraître à l'endroit du *coopératisme*.

Voici les réponses écrites qu'il m'envoie de Lausanne :

— Quelle est l'origine de l'Antisémitisme ?

— Dans le monde elle est prodigieusement ancienne puisqu'elle remonte aux Pharaons. Nul doute que les Juifs n'aient toujours eu certaines qualités et certains défauts spécifiques — dont la provenance constitue un des faits les plus étonnants de l'Histoire, — et qui les ont toujours rendus redoutables aux races faiblement douées en énergie.

Mais en France, l'Antisémitisme est de date toute récente.

Ni la France de l'ancien régime, ni à plus forte raison celle de 89, ne l'ont connu. Il nous est venu de Russie, d'Autriche, d'Allemagne, car ce qu'il y a de plaisant dans ce mouvement qui prend pour devise « la France aux Français », c'est qu'il est uniquement d'importation étrangère !...

— Quel en est le caractère, religieux, ethnique ou économique?

— Exclusivement économique dans ses causes. Ce n'est pas une opinion, c'est un intérêt. La religion n'y a joué aucun rôle, ou tout au plus, dans quelques cas, a servi de prétexte. Même l'Église catholique, la plus intolérante de toutes les Églises, a toujours toléré les Juifs bien mieux que les protestants, parce qu'ils ne font pas de prosélytes.

Toutefois, ce mouvement, entre les mains des meneurs qui l'ont fait naître et qui l'entretiennent, a pris son caractère politique et électoral pour des raisons qu'il est superflu d'indiquer.

— Quelles sont les catégories de personnes qui participent à ce mouvement et pourquoi les salariés et les sans-travail s'abstiennent-ils?

— En quoi cette campagne pourrait-elle intéresser les salariés? C'est une querelle entre possédants; c'est une guerre faite à des prêteurs d'argent, à des financiers, à des marchands par leurs emprunteurs ou leurs concurrents. Il est probable cependant que, s'il y avait beaucoup d'ouvriers juifs comme dans certains métiers à Londres sous le régime du *sweating system*, les ouvriers donneraient la chasse aux Juifs comme ils le font pour les Italiens en France ou pour les Chinois aux États-Unis.

— Quelles sont les mesures proposées par les antisémites et quelles en seraient les conséquences?

— Que des lois spécialement dirigées contre les Juifs aient pu être proposées, cela prouve combien, même en France, les Droits de l'Homme sont restés une parole vide. D'ailleurs, même en faisant abstraction de toute question de principe, le danger de semblables mesures serait grand.

Fermer aux Juifs l'accès des fonctions publiques, des carrières libérales ou de la propriété foncière, ce serait les refouler dans les « affaires », c'est-à-dire précisément sur le terrain où ils excellent et où leur concurrence est la plus dangereuse. Les expulser en masse, ce serait, de la part du pays, assez imprudent pour faire ce coup, provoquer une émigration énorme de capitaux, se diminuer financièrement, se réduire à la condition d'emprunteur vis-à-vis de l'étranger, se préparer, en un mot, le sort de l'Espagne — et du même coup assurer au pays assez avisé pour offrir asile aux Juifs (et qui serait certainement l'Angleterre) un effroyable accroissement de richesse, de crédit et d'hégémonie financière.

Mais si toute mesure dirigée contre les Juifs, en tant que Juifs, doit être écartée sans discussion, il est permis de chercher des mesures générales contre les abus de la puissance de l'argent. A cet égard, des lois contre l'usure (qu'il ne faut pas confondre nécessairement, comme on le fait toujours, avec la limitation du taux de l'intérêt), une loi, comme celle du *home-stead* qui rend insaisissable la petite propriété peuvent être recommandées ; surtout l'extension des Sociétés coopératives qui tendent à supprimer les marchands, les intermédiaires et les usuriers, même à supprimer les profits du capital et à diminuer son rôle dirigeant, serait le remède le plus efficace.

— Quel est l'avenir probable de cette agitation?

— Que peut-on en savoir, puisqu'il y a dix ans seulement personne n'aurait pu prévoir que l'Antisémitisme pourrait s'acclimater en France?

Il est probable que l'Antisémitisme durera aussi longtemps que durera le peuple juif; c'est-à-dire toujours.

Peut-être l'avènement d'un régime socialiste, en abolissant l'empire de l'argent, enlèvera-t-il aux Juifs leur arme la plus redoutable et en même temps à l'Antisémistisme son principal grief.

Peut-être la restauration du royaume d'Israël annoncée par les prophètes, en rassemblant les Juifs de tous pays autour d'une Jérusalem nouvelle supprimera-t-elle l'Antisémitisme pour l'accomplissement de ses vœux!... »

XVII

M. ÉMILE DURKHEIM

Directeur de « l'Année sociologique »,
Professeur à la Faculté de Bordeaux.

Pour parler avec compétence de l'Antisémitisme, me répond M. Émile Durkheim, des études seraient nécessaires, que je n'ai pas faites. Je ne puis donc vous donner qu'une impression.

Tout d'abord, il y aurait lieu, je crois, de distin-

guer entre l'antisémitisme français et l'antisémitisme étranger qui me paraissent être deux phénomènes de signification très différente. La preuve en
est que les pays où l'antisémitisme est le plus invé-
téré n'ont rien compris aux événements qui viennent de se produire en France. Je veux que l'Allemagne y ait mis de la mauvaise volonté; mais la
Russie n'est pas suspecte et pourtant elle a manifesté le même étonnement désapprobateur.

Si elle a été à ce point surprise et choquée c'est
que, dans les passions qui se sont alors agitées
chez nous, elle n'a rien retrouvé de ce qu'elle
éprouve.

Ce qui me semble différencier ces deux états d'esprit, c'est que l'antisémitisme allemand ou russe est
chronique, traditionnel, tandis que le nôtre constitue une crise aiguë, due à des circonstances passa-
gères. Le premier a un caractère aristocratique, il
est fait de dédain et de morgue. Le nôtre s'inspire
de passions violentes, destructives, qui cherchent à
s'asseoir par tous les moyens. Ce n'est pas d'ailleurs
la première fois que le phénomène s'est produit sous
cette forme.

On l'avait déjà vu dans les régions de l'Est, lors
de la guerre de 1870; étant moi-même d'origine
juive, j'ai pu, alors, l'observer de près. C'est aux
juifs qu'on s'en prenait des défaites. En 1848, enfin,
une explosion du même genre, mais beaucoup plus
violente, s'était produite en Alsace.

Ces rapprochements autorisent à penser que notre
antisémitisme actuel est la conséquence et le symptôme superficiel d'un état de malaise social. C'était

le cas en 1870 comme en 1848 (il y avait eu, en 1847, une crise économique très grave).

Quand la société souffre, elle éprouve le besoin de trouver quelqu'un à qui elle puisse imputer son mal, sur qui elle se venge de ses déceptions; et ceux-là sont naturellement désignés pour ce rôle auxquels s'attache déjà quelque défaveur de l'opinion. Ce sont les parias qui servent de victimes expiatoires. Ce qui me confirme dans cette interprétation, c'est la manière dont a été accueillie, en 1894, l'issue du procès de Dreyfus. Ce fut un élan de joie sur les boulevards. On fêta comme un succès ce qui eût dû être un deuil public. On savait donc enfin à qui s'en prendre du trouble économique et de la détresse morale où l'on vivait! C'est des juifs que venait le mal. Le fait était officiellement constaté. Par cela seul, il semblait que tout allait déjà mieux et on se sentait comme réconforté.

Sans doute, des circonstances secondaires ont pu exercer quelque action. Les aspirations vaguement religieuses qui viennent de se faire jour ont pu trouver leur compte à ce mouvement; certains défauts de la race juive ont pu être invoqués pour le justifier. Mais ce sont là des causes accessoires. Les défauts du juif sont compensés par des qualités incontestables, et, s'il y a des races meilleures, il en est de pires. D'ailleurs les juifs perdent leurs caractères ethniques avec une extrême rapidité. Encore deux générations et c'était chose faite.

Pour ce qui est des causes d'ordre religieux, il suffit de remarquer que la foi n'était pas moins vive

4

il y a vingt ou trente ans ; pourtant l'antisémitisme n'était pas ce qu'il est.

Il est donc, avant tout, un des nombreux indices par lesquels se révèle la grave perturbation morale dont nous souffrons. Par suite, le vrai moyen de l'enrayer serait de mettre fin à cet état de trouble ; mais cela n'est pas l'œuvre d'un jour. Il y a pourtant quelque chose qu'il est immédiatement possible et urgent d'entreprendre.

Si l'on ne peut atteindre le mal à sa source, on peut, du moins, combattre cette manifestation spéciale qui l'aggrave. Précisément parce que nous avons besoin de toutes nos forces pour nous refaire, il importe que nous ne les dépensions pas en luttes stériles.

On ne laisse pas un malade se venger sur lui-même de ses douleurs et se déchirer de ses propres mains.

Pour arriver à ce résultat, il faudrait, d'abord réprimer sévèrement toute excitation à la haine de citoyens les uns contre les autres. Sans doute par elles-mêmes, des mesures répressives ne sauraient suffire à convertir les esprits ; cependant, elles rappelleraient à la conscience publique, qui en perd le sentiment, ce qu'un tel crime a d'odieux. Il faudrait ensuite que, tout en blâmant théoriquement l'antisémitisme, on ne lui accordât pas des satisfactions réelles qui l'encouragent ; que le gouvernement prît sur lui d'éclairer les masses sur l'erreur où on les entretient et ne pût même pas être soupçonné de chercher des alliés dans le parti de l'intolérance.

Il faudrait « enfin que tous les hommes de bon

sens, au lieu de se contenter d'un blâme platonique, eussent le courage d'affirmer tout haut leur senti- ment, et se liguassent pour lutter victorieusement contre la folie publique ».

On voit que les impressions de M. Durkheim ne laissent pas de présenter un vif intérêt. L'auteur de la *Division du travail* et des *Règles de la Méthode so- ciologique* nous donne là un chapitre de psychologie sociale que ne désavouerait pas, sans doute, M. Tarde...

XVIII

M. HENRY MARET

Député, directeur du « Radical ».

Je ne sais s'il est encore temps de répondre aux questions que vous avez bien voulu me poser à pro- pos de l'Antisémitisme. Je n'ai pu le faire plus tôt, ayant été absorbé par la période électorale.

Je vous réponds du fond de ma province, sans avoir pu lire rien de ce qui a paru dans votre enquête.

1° Quelle est l'origine de l'agitation antisémi- tique ?

— L'origine est la même que la campagne des ralliés. Il fallait détourner l'opinion. Les cléricaux, pour s'emparer de la République, avaient intérêt à lancer le peuple sur une fausse voie. Ils se mirent à exploiter l'impopularité des juifs, pensant habilement faire oublier ainsi celle des jésuites. Rodin livrait Shylock. Les propriétaires fonciers bons chrétiens, mais non moins exploiteurs que les banquiers, avaient le même intérêt à faire croire aux pauvres que toutes leurs souffrances étaient causées par les spéculateurs de la haute finance israélite.

. 2º Quels en sont les caractères : religieux, ethniques ou économiques?

— L'conomiques, incontestablement. On ne déteste pas les juifs parce qu'ils sont d'une autre race ou d'un autre culte, mais tout simplement parce qu'on croit qu'ils accaparent l'argent et qu'on voudrait bien être à leur place.

3º Quelles sont les catégories de personnes qui participent à cette agitation ?

— Quelques fumistes ambitieux, quelques fanatiques, le clergé en masse, pour la raison donnée plus haut et, en résumé, tous les brouillons, pêcheurs en eau trouble, à qui tous les moyens sont bons pour renverser les institutions républicaines et obscurcir les idées démocratiques.

4º Pourquoi les salariés et les sans-travail se désintéressent-ils de ce mouvement?

— Parce qu'ils comprennent très bien qu'on essaie de les duper, parce qu'avec raison ils se soucient peu qu'on soit juif ou chrétien, et qu'ils n'ont d'autre ennemi que celui qui les exploite, celui qui va à l'église ne valant pas mieux que celui qui va à la synagogue.

5° Quelles sont les mesures proposées par les antisémites?

— Je les ignore. Elles ne peuvent être que stupides et féroces. Par conséquent impraticables. L'expulsion des juifs fait hausser les épaules. Pourquoi pas leur massacre? Leur renvoi de tous les emplois nous mettrait au ban de tous les peuples civilisés. Quant à des mesures fiscales, elles engloberaient fatalement les financiers catholiques.

6° Quelles en seraient les conséquences au point de vue social?

— L'Histoire nous les enseigne. On n'a qu'à se souvenir de la Révocation de l'Edit de Nantes et de l'expulsion des juifs en Espagne. Aujourd'hui ce serait probablement pis encore; car, plus on démontrera que les juifs tiennent les richesses et le crédit, plus on prouvera qu'il est impossible de les détruire sans détruire en même temps l'organisation sociale. Je n'y verrais pour ma part aucun inconvénient, mais il est bon que les conservateurs antisémites sachent que, sans le vouloir, ils avancent de toutes leurs forces l'heure du grand chambardement.

Mille amitiés.

HENRY MARET.

XIX

M. J.-J. TAVARES DE MEDEIROS

Avocat, rédacteur à la « Revue internationale de sociologie ».

Lisbonne, mars 1898.

Monsieur,

Voici mon avis le plus résumé :

1° Toutes les agitations ou réactions sont des formes de la lutte pour l'existence. L'agitation anti-sémitique n'étant générale, il faut chercher son origine dans son milieu propre, et dans une certaine inégalité des conditions de la vie.

2° La lutte pour l'existence est, dans son essence économique et sociale. L'indifférence de l'esprit, pas plus que la tolérance religieuse, ne peut pas à l'heure actuelle soulever des questions de caractère religieux d'une grande valeur ; pas plus les différences ethniques, nulles ou presque nulles en Europe.

Ce sont des conditions sociales d'une nature tout autre. Toutefois, la race dite sémitique personnifie une religion et la religion est encore un des moyens les plus puissants de généraliser la lutte, insufflant l'esprit des masses et déterminant les sectes à s'intéresser au mouvement.

Les autres religions y trouvent partout un prétexte.

3° A ce mouvement participent toutes les personnes dont les intérêts économiques sont en jeu ;
mais il faut distinguer deux sortes de facteurs . .es
principaux, les purément économiques ; les accessoires, tous ceux dont les esprits sont envahis par
l'influence de la secte.

Les salariés et les sans-travail se désintéressent
de ce mouvement comme conséquence de leur indifférence religieuse, et parce que les juifs ne se
présentent pas monopolisant le travail et l'industrie
ouvrière.

Pour que la question économique soit nettement
établie comme capitaliste, elle doit comprendre
certainement les uns et les autres ; mais les agitateurs antisémites n'y arriveront pas.

4° Je ne connais pas les mesures proposées par les
antisémites. Cependant le but de la lutte est d'af-
faiblir autant que possible les avantages antago-
niques en procédant même par élimination.

5° Les conséquences au point de vue social, qu'on
doit attendre naturellement, sont le trouble plus
ou moins passager jusqu'à une adaptation plus ho-
mogène égalisant les forces ou conditions de
même nature sacrifiant dans cette mesure les
vaincus.

6° L'avenir de cette agitation résultera certainement des conséquences de la lutte, selon sa plus
grande ou plus petite intensité ; il est probable toutefois qu'une conciliation d'intérêts économiques
soit possible, si l'on fait prévaloir l'égalité des

droits, et la liberté de conscience et religieuse, la conquête la plus glorieuse de ce siècle.

Alii meliora dabunt.

Agréez, etc.

Joao-Jacintho TAVARÈS DE MEDEIROS.

M. Tavarès de Medeiros est un jurisconsulte notoire d'Espagne. Il a écrit particulièrement un ouvrage sur le Droit criminel qui a été fortement remarqué par les criminalistes.

XX

M. N. CHMERKINE

M.Chmerkine a publié récemment un livre très documenté sur les *Conséquences de l'Antisémitisme en Russie;* son opinion était donc indispensable dans cette enquête internationale. Voici les renseignements que nous avons recueillis :

« L'origine de l'agitation antisémitique se trouve dans la recrudescence de la lutte de l'Église contre la civilisation, contre la science, lutte à laquelle elle est poussée par l'instinct de sa propre conservation. La critique qu'a subie notre organisation sociale ne pouvait manquer d'atteindre le prestige de la civilisation dans certains esprits, et on a constaté que quand une civilisation cesse de plaire, la foule achève de la détruire ; c'est pourquoi l'Église trouve le moment propice pour prêcher une nouvelle croisade.

» Les juifs, à un titre tout spécial, ne devaient-ils pas être le but de l'agitation que l'Église provoque actuellement?

« Un grand philosophe, un esprit clairvoyant qui, de l'avis de Renan, a saisi les grandes lignes de l'Histoire, se disait : « Si une transformation religieuse ne vient transformer avec légitimité la révolution politique générale, si elle ne relie pas la nouveauté à l'antiquité, le droit populaire au droit intellectuel et réellement divin, malgré ses lumières, sa critique, ses richesses, ses aspirations vers la liberté, il arrivera au monde de retomber sous l'autorité toujours renaissante de la force. »

« Or, si le cléricalisme se croit assez fort pour essayer de reprendre toutes les conquêtes de l'esprit moderne, s'il ose déjà attaquer la science, c'est qu'il peut compter sur le conflit de la foi et de la raison.

« Ce qu'il redoute, c'est l'évolution vers laquelle tendent les esprits religieux : à ce point de vue les juifs sont les adversaires les plus redoutables du cléricalisme. L'histoire juive nous apprend que depuis que le judaïsme a affranchi la conscience individuelle du joug des prêtres, depuis que les rabbins ont été dépouillés de leur caractère sacré, les juifs ont pu traverser toutes les civilisations, se mêler à toutes les écoles dont ils ont profité pour ajouter au patrimoine du judaïsme sans obscurcir ou diminuer leur sentiment religieux.

« N'est-ce pas la preuve que, lorsque ce sentiment n'est pas altéré par les abus d'une classe privilégiée, la religion ne s'élève pas comme une ennemie de la science humaine, mais la fortifie, au contraire ?

« C'est probablement ce que veut faire entendre M. Brunetière en disant que l'Antisémitisme est la protestation contre la Franc-Maçonnerie.

« Autrement est-il admissible de déclarer que les juifs se font les professeurs de l'incrédulité alors qu'ils offrent à nos yeux, comme les juifs de Russie, ce beau spectacle d'une poignée d'hommes luttant contre toutes les forces, endurant toutes les persécutions, pour rester fidèles à leur foi, et cela à une époque de matérialisme grossier, d'indifférence générale ?

« L'Antisémitisme n'est pas une question économique. Il est étrange de dire que notre régime peut être modifié en quoi que ce soit par la substitution des financiers chrétiens à quelques financiers sémites, et pour prétendre que l'Antisémitisme est un mouvement de revendication sociale, il faudrait prouver que les juifs s'opposent plus que les industriels chrétiens aux revendications ouvrières.

« Mais c'est le contraire que nous voyons : on sait que c'est à Lodz, en Pologne, seul centre industriel où l'influence juive est prépondérante, qu'en 1892 les fabricants ont demandé, au gouvernement russe, la réduction du travail à dix et même huit heures par jour.

« Nulle part l'antisémitisme n'a fait le moindre

tort aux capitalistes juifs, mais partout aux pauvres.
Comme l'indique le témoignage du prince Socolsky-
Dronezky, avant l'apparition accidentelle des juifs
dans les gouvernements de Penza, avant qu'ils aient
commencé à rivaliser avec les commerçants locaux,
ceux-ci se sentaient si bien établis qu'ils taxaient le
prix des blés au fur et à mesure du besoin du pro-
ducteur-vendeur, et des arrangements de ce genre
avaient eu lieu même avec les vendeurs du blé des
grands propriétaires fonciers nobles. Grâce à l'apparition de quelques concurrents seulement, la
noblesse a réussi à se délivrer du joug de ces grands
acheteurs, mais ceux-ci tiennent encore sous leur
dépendance tous les paysans ; *là ils n'ont à craindre
aucune concurrence parce que les juifs n'ont pas le
droit de séjour dans les villages*, et les quelques re-
présentants des maisons étrangères, qui ont réussi,
par exception, à y venir temporairement, ne peuvent
pas entrer en relations avec les petits propriétaires
fonciers. Après cela, il est superflu de répéter que
la pression du capital ne joue aucun rôle dans ces
phénomènes, mais que les mesures de police livrent
le producteur aux exploiteurs insatiables, qui sont
de religion orthodoxe.

« Voici encore deux faits rigoureux et significatifs:

« Depuis le matin de l'année passée, lisons-nous
dans le journal *Rousskia Wiedomosti*, le nombre
des monts-de-piété privés a considérablement diminué à Moscou. Cette réduction est due à la dé-
fense faite aux juifs de posséder des établissements
de ce genre. Mais, chose étrange, cette réduction
des monts-de-piété a imposé un nouveau fardeau à

la population la plus pauvre de Moscou. Le fait s'explique par cette remarque que jusqu'au mois de juin 1892, la concurrence entre ces divers établissements était beaucoup plus grande; grâce à quoi, plusieurs d'entre eux, pour attirer des clients, avaient abaissé les intérêts des prêts et de la consigne : les intérêts, dans la plupart de ces monts-de-piété privés, s'élevaient, en somme (avec la consigne et les timbres pour les quittances), à 36 pour 100 par an ; naturellement, ce sont d'énormes intérêts, surtout quand on considère l'absence de risque et la sûreté du cautionnement; mais maintenant, depuis que la possibilité de la concurrence a diminué, la plupart de ces monts-de-piété reçoivent 5 pour 100 *par mois*, et, avec le droit de timbre sur les quittances, cela fait 70 pour 100 par an. N'est-ce pas chose horrible ? »

« Ce résultat prouve que le relâchement de la concurrence, même dans la sphère de l'usine, provoque des formes détestables d'usuriers privilégiés, qui sont pires que tous les juifs.

« L'autre fait est constaté par le *Wilensky Wiestnik*, qu'on ne peut pas soupçonner d'amitié pour les juifs, puisqu'il les chasse impitoyablement.

... Il s'agit de la zone d'habitation juive: « La ville de Sitomore, lisons-nous dans ce journal, a devancé les autres villes par une opération peu louable ; grâce à l'activité énergique de l'administration locale, les Juifs habitant la Wolhynie ont cessé de donner de l'argent à l'usure, *mais leur place est prise par des fonctionnaires en retraite, qui ont mis en circulation leurs propres capitaux* ET LEURS PEN-

SIONS, ET DÉPOUILLENT AINSI LEUR PROCHAIN AVEC
PLUS DE RIGUEUR ENCORE QUE LES JUIFS. »

« Je pourrais multiplier les exemples ; je vous ren-
voie à mon livre sur les *Conséquences de l'Antisémitisme en Russie.*

« Mais s'il fallait une nouvelle preuve que, malgré
leurs déclamations, ce n'est pas uniquement à la
richesse juive que les antisémitistes en veulent, je
la verrais dans la candidature de Drumont en
Algérie. On se demande pourquoi, si vraiment il
voulait combattre les capitalistes juifs, il n'a pas
choisi une circonscription en France où il y a tant de
riches sémites. Actuellement, au dire de ses amis,
tous les Français sont antisémites : l'apôtre n'avait
donc qu'à choisir une localité quelconque pour
être élu. Mais il n'ignore pas ce que les sociologues
ont constaté, à savoir que les immigrants dans les
pays nouveaux y recommencent l'histoire de leur
pays. Drumont a donc compris que, sur la terre
d'Afrique, on peut effectivement renouveler la Saint-
Barthélemy, ce qui est impossible sur la terre française. »

Telle est la réponse que nous avons reçue de
M. Chmerkine. L'abondance des documents, la
clarté des aperçus forment un apport des plus
précieux à notre enquête.

XXI

M. L. MANOUVRIER

Professeur à l'École d'anthropologie.

— Que pensez-vous de la question sémitique au point de vue ethnique ?

— D'abord, nous répond M. Manouvrier, le mot *sémite* ne possède pas un sens suffisamment défini.

Les ethnologistes préfèrent employer un mot plus compliqué mais plus explicite : les Syro-Arabes. D'ailleurs, ce n'est pas surtout ce qui vous importe. La thèse d'après laquelle les juifs seraient des exploiteurs en vertu d'une influence de race n'a rien de scientifique.

En effet, il y a peut-être les neuf dixièmes d'entre eux qui sont pauvres. On semble ignorer qu'il existe un prolétariat juif en Russie, en Autriche, en Angleterre, en Amérique, etc., et même en Algérie ?

On est tellement suggestionné par le mot *race* qu'on se figure avoir tout expliqué quand on l'a mis en avant. L'influence de la race! On met sur son compte, sans aucune preuve sérieuse, jusqu'aux caractères qui s'héritent le moins. En ce qui concerne les caractères moraux, je ne crois pas qu'ils soient hérités; on hérite seulement d'aptitudes élémentaires.

— Certains ethnologistes ont prétendu que la race juive avait subi une espèce de dégénérescence, quel est votre avis là-dessus ?

— Il y a une part de vérité, en effet. Les renseignements démontrent que, dans plusieurs pays, les juifs manifestent beaucoup de signes de dégénérescence *physique*. C'est ainsi qu'à Berlin on a cité parmi eux des cas nombreux de surdi-mutité. Les maladies mentales sont plus fréquentes chez les juifs en Allemagne et en Angleterre. Un médecin israélite, peu suspect par conséquent de témoignages péjoratifs, a recueilli des statistiques intéressantes d'après lesquelles, dans le bassin de la Vistule, 29,7 pour 100 de conscrits juifs étaient réformés pour cause d'infirmité, tandis que la proportion n'atteignait que 17 ou 18 ou 14 et même 11 pour 100 en ce qui concerne les autres.

— Peut-on en inférer que la race ira s'éteignant ?

— On n'a pas le droit de l'affirmer, puisque les races se maintiennent par les plus forts et qu'il y a parmi les juifs des hommes parfaitement bien constitués, et que, d'autre part, ils sont très prolifiques.

— Est-ce que cette dégénérescence physique frappe indistinctement toutes les catégories sociales de juifs ?

— Il n'en serait pas ainsi à Londres, d'après le docteur Joseph Jacob. Il a constaté que dans l'East-End, à White-Chapel, c'est-à-dire dans les quartiers extrêmement pauvres, les jufs sont dans un état d'infériorité physique beaucoup plus grand que

dans les autres quartiers, et, d'autre part il a pu vé-
rifier que dans le West-End, c'est-à-dire dans les
quartiers aisés, l'état physique des juifs n'était pas
sensiblement différent de celui des Anglais, ce qui
prouve qu'il faut tenir compte de la misère.

Mais je crois que les principales causes de leur
dégénérescence peuvent se ramener à deux : 1° la
consanguinité ; 2° le *citadinisme*.

La *consanguinité*, ai-je dit, mais dans certaines
conditions, car la consanguinité en elle-même n'a
rien de fâcheux, malgré le préjugé en cours. Les
unions consanguines sont pernicieuses pour la des-
cendance, quand elles ont lieu entre parents déjà
dégénérés, et c'est fréquemment le cas des juifs ;
mais elles sont prospères entre gens bien portants,
ainsi que le prouvent les statistiques faites dans
plusieurs pays où les mariages consanguins sont
entièrement fréquents. Le *citadinisme*, ai-je dit aussi,
et j'entends par là l'influence destructive pour l'or-
ganisme du milieu spécial des grandes villes. Or les
juifs, tournés particulièrement vers les travaux industriels, commerciaux ou financiers habitent presque tous les grandes villes. Ce séjour perpétuel
dans un milieu aussi nocif que celui des grandes
cités doit fatalement entamer leur constitution.
Cette influence, que j'appelle *citadinisme*, est si sérieuse que la plupart des Parisiens, nés dans Paris,
ne se survivent pas au-delà de deux ou trois générations.....

— Est-ce que les caractères intellectuels et moraux des juifs sont particuliers à leur race, et,
comme certains le prétendent, irréductibles ?

— Non, quoique les apparences soient de nature à le faire croire.

M. Joseph Jacob a prétendu démontrer la supériorité intellectuelle de juifs sur les autres hommes. Il a relevé des listes d'hommes distingués dans différents pays de l'Europe, il a comparé leur culture et leur savoir et il a trouvé que, proportionnellement au nombre d'individus, il y a un dixième de plus d'hommes distingués chez les juifs.

Seulement, l'erreur fondamentale de la méthode d'investigation employée par le docteur Joseph Jacob, c'est d'avoir comparé des chrétiens et des juifs de conditions sociales différentes.

En effet, les juifs sont surtout des *citadins*, ils n'habitent guère les campagnes, ils ne se livrent pas aux travaux agricoles ; ils tournent de préférence leur activité vers le négoce et la finance, par éducation, par tradition familiale. On sait que ce genre de travail et d'occupation leur a été imposé, pour ainsi dire, par les civilisations antérieures qui les écartèrent de la vie commune et les placèrent dans la nécessité de se tourner vers le commerce, le trafic et la finance.

Les juifs vivant dans les cités, au foyer de toute activité intellectuelle, doivent avoir par cela même une supériorité relative d'instruction sur les autres hommes qui sont disséminés en province. Le docteur Joseph Jacob n'a pu prendre parmi les juifs que des hommes ayant vécu dans les grandes cités et s'y étant développés sans cesse.

Comparés à des individus pris au sein des populations rurales, il est certain que leur culture intel-

lectuelle devait être supérieure. Mais, en réalité, le
procédé de M. Jacob démontre suffisamment l'inexac-
titude de son assertion.

— Ainsi, cette fameuse propension des juifs pour
le commerce n'a pas un caractère d'innéité, comme
on le dit couramment?

— Mais non. Ils n'ont pas hérité d'une tendance particulière par la raison qu'ils appartiennent à une
race qu'on appelle la race juive. Ils ont simplement
continué de se livrer à un genre d'occupation
qu'ils tiennent de père en fils, par nécessité sociale.

Ainsi, en Russie, on n'admet qu'un nombre déter-
miné d'israélites à l'accession de certains emplois
ou grades universitaires. Voilà pourquoi des jeunes
gens ou des jeunes filles, issus de familles juives,
viennent à Paris prendre le grade de docteur en mé-
decine, par exemple, tandis que les autres se consa-
crent au métier de leurs pères, le trafic, le commerce, la banque, etc.

Quant aux sentiments de cupidité, de bassesse ou
de fourberie dont on charge beaucoup trop spécialement les juifs, ils sont, si j'ose dire, la conséquence
de leur situation sociale et de leurs occupations. Ils
ne sont pas monopolisés par les juifs, tant s'en faut!
Ils sont un peu aussi celui des chrétiens qui s'adon-
nent trop exclusivement à la spéculation, à la
finance et aux affaires, en général. Il est certain que
ce genre d'occupation n'est guère favorable en lui-
même à l'éclosion des sentiments élevés, tout le
monde peut le constater.

Lorsqu'il y a dans le peuple des hommes qui pro-

fèrent le cri de : « Mort aux juifs ! » je suppose qu'ils
en veulent moins à la race qu'à l'opulence, parfois
extraordinaire, qui contraste beaucoup avec leur
gêne ou leur détresse propre. Est-ce à dire que les
juifs ont le privilège exclusif de la richesse ? Quelle
erreur !

À Londres, le quartier, célèbre par sa misère, de
White-Chapel, est composé en majeure partie par
des juifs exilés.

En Russie, ils sont misérables en masse. En Pologne, également.

Même en Algérie, où l'on rencontre cependant des
fortunes juives considérables, il y a beaucoup de
juifs pauvres.

Peut-être pourrait-on reprocher aux juifs de con-
server l'esprit de tribu, de se grouper, de contracter
des alliances consanguines, de se considérer un peu
comme des êtres à part. Mais si l'on réfléchit à la
situation morale qui leur est faite, on comprendra
encore l'existence de ces travers.

Comment ne se méfieraient-ils pas des autres
hommes, puisqu'ils sont perpétuellement en butte à
des attaques, des froissements, des blessures, des
sarcasmes et des injures ? Le petit israélite qui fré-
quente les lycées et les collèges n'entend-il pas de
bonne heure proférer les cris de : « Sale juif ! »

Vous voyez donc que tout cela s'explique naturellement quand on n'y apporte aucun parti pris, aucune animosité, ni aucune complaisance.

Les défauts que l'on reproche aux juifs ne dispa-
raîtront qu'avec les conditions extérieures qui les
entretiennent et paraissent les perpétuer.

CONCLUSION

Nous aurions pu prolonger davantage cette enquête : interroger encore des écrivains, des philosophes, des politiques ; consulter des livres et des brochures ; fouiller des archives ; exhumer de vieux textes ; en un mot, parachever ce travail par une Histoire documentée de l'Antisémitisme.

Nous aurions dépassé le cadre de notre étude.

A quoi bon, d'ailleurs ? Bernard Lazare a écrit sur ce sujet un livre complet, impartial et abondant, qui dispense, désormais, de recherches très laborieuses et de reconstitutions très difficiles (1).

Mon but était différent. Etant donné qu'il existe un mouvement d'hostilité, dirigé contre les juifs

---

(1) M. E. Murmain va publier un ouvrage considérable sur l'Antisémitisme, conçu dans un esprit différent de celui qui a présidé à la confection du livre de M. Bernard Lazare. Cet ouvrage est attendu avec impatience.　　　　　D.

par certaines fractions populaires, mouvement entretenu et attisé par une presse spéciale, quels étaient les sentiments, l'état d'esprit ou l'opinion des hommes de science, de réflexion ou d'étude ?

Je me suis donc adressé aux esprits les plus divers, et les moins enclins à juger les événements à travers les passions politiques.

Les réponses que j'ai obtenues sont peut-être de nature à satisfaire tous ceux qui n'ont pas encore l'entendement aboli, ou gâté, par le tintamarre des phrases et la littérature des journaux.

L'Antisémitisme a été envisagé tour à tour sous plusieurs aspects : religieux, ethnographique, politique et économique. Nous allons brièvement résumer et commenter ces quatre points :

Le point de vue religieux. — Ce n'est pas le plus important (au contraire), de l'aveu des antisémites et même de leurs adversaires. Cependant on a accusé les juifs d'avoir été des agents de déchristianisation. On sait que les défenseurs de la monarchie et du catholicisme souverain rendent les juifs responsables de tout ce que les idées modernes ont d'hostile aux institutions religieuses et politiques du passé.

Or, on se souvient, peut-être, que j'ai interrogé sur ce point un ecclésiastique en vue qui est en même temps un politique significatif : l'abbé Lemire.

Le député du Nord, malgré son embarras et ses réticences, m'a fait deux réponses importantes :

La première, c'est qu'il ne se solidarisait pas avec l'agitation antisémitique organisée et dirigée

5.

par son collègue l'abbé Garnier, préférant, dit-il, « *se placer au point de vu. humain et non au point de vue confessionnel* ».

La seconde, c'est qu'il combattait la *Juiverie*. Et, comme je le priais d'être plus explicite, il répondit : « Eh bien, je veux parler des spéculateurs, des agioteurs, des financiers cosmopolites, lesquels appartiennent non seulement à la religion juive, mais à la religion catholique ou protestante. »

D'où il ressort que la *Juiverie* était un abus de langage, une généralisation illégitime.

L'abbé Lemire ne semble donc pas approuver la fameuse thèse qui veut attribuer aux juifs l'honneur exclusif d'avoir *sécularisé*, laïcisé la France.

Si la *Gazette de France* consent à se rappeler que le dix-huitième siècle vit naître les Encyclopédistes et la Révolution française, elle s'apercevra que la déchristianisation est antérieure à la troisième République et que les pauvres juifs de ce temps-là n'eurent pas une influence prépondérante dans ce mouvement.

Ce n'est pas aux juifs qu'il faut attribuer l'effritement graduel et inéluctable de la dogmatique religieuse. « Cela tient, disait l'abbé Lemire, à l'ensemble des institutions républicaines. » Nous croyons qu'il faudrait remonter plus haut, mais ce sujet comporte de trop longs développements ; qu'il nous suffise de noter que la querelle religieuse est absente ou insignifiante dans le mouvement qui nous occupe.

Le point de vue ethnographique. — Il existe un

antisémitisme de race : c'est celui que soutient M. Edmond Picard avec une urbanité et une probité dignes d'un meilleur emploi. Dans son livre : *Synthèse de l'antisémitisme*, M. Picard pose en principe que la lutte aryano-sémitique (c'est son expression préférée) « est *ethnique* dans sa cause première et profonde ». La psychologie des races sémitiques serait, d'après cet auteur, si opposée à la psychologie des races aryennes que le conflit est par cela même inévitable, et qu'il dure d'ailleurs depuis les temps les plus reculés.

M. Picard raisonne comme si certaines races avaient des vertus mystérieuses, des talismans secrets, capables de les faire triompher de tous les obstacles. Il raisonne d'autre part comme si jamais aucun élément aryen ne s'était mélangé à l'élément juif ; deux erreurs considérables qui ont été relevées au cours de cette enquête :

« Les peuples sémites, dit M. Albert Réville, représentent un groupe d'anciennes nationalités, qui ont les unes disparu, les autres survécu (Arabes, Syriens), et dont les Israélites ont fait jadis partie. Mais s'il se trouve parmi les juifs d'aujourd'hui des descendants de l'ancien Israël, ils sont loin d'en constituer le seul élément. Il faut y ajouter les descendants des nombreux Grecs et Latins ou Occidentaux qui s'étaient attachés au judaïsme dans les siècles qui précédèrent de peu et suivirent de près l'ère chrétienne ; plus les peuplades, dont une au moins fut nombreuse, les Khasors, peuple finno-slave, qui adoptèrent le judaïsme vers le septième siècle. *De sorte que les juifs d'aujourd'hui sont, comme les Français eux-mêmes, la résultante de plusieurs races entremêlées.* »

En relisant la réponse du docteur Manouvrier, on comprendra ce qu'il faut penser de la thèse ethnique au point de vue anthropologique.

Si, comme le déclare sans rire M. Picard, la race juive paraît destinée à procéder « au dépouillement méthodique des Aryens », comment se fait-il qu'il existe un prolétariat juif en Angleterre, en Amérique, en Pologne, en Russie et ailleurs ? On ne répond jamais à cette question.

Le point de vue politique. — C'est M. Henry Maret qui me semble avoir le mieux caractérisé le côté politique de l'antisémitisme :

« L'origine, dit-il, est la même que la campagne des ralliés. Il fallait détourner l'opinion. Les cléricaux, pour s'emparer de la République, avaient intérêt à lancer le peuple sur une fausse voie. Ils se mirent à exploiter l'impopularité des juifs, pensant habilement faire oublier ainsi celle des jésuites. Rodin livrait Shylock. Les propriétaires fonciers bons chrétiens, mais non moins exploiteurs que les banquiers, avaient le même intérêt à faire croire aux pauvres que toutes leurs souffrances étaient causées par les spéculateurs de la haute finance israélite. »

Le point de vue économique. — C'est le plus important. MM. Achille Loria, de Molinani, Chmerkine, Charles Gide, Durkheim, Lombroso, Renard, Tavares de Medeiros s'accordent, avec des nuances et à des degrés divers, pour voir dans ce mouvement une rivalité d'intérêts.

C'est bien là, en effet, que gît le problème. Des rivalités d'intérêts qui se colorent d'idées qui veulent paraître belles et de sentiments qui s'efforcent de sembler grands. C'est, d'ailleurs, l'éternelle Histoire, celle qu'on n'enseigne pas, la vraie : des intérêts en conflit et tout un arsenal de décors pour leurrer les foules.

Croire que l'élimination des juifs changerait quoi que ce soit au régime capitaliste, c'est trahir son ignorance de la constitution et de la fonction de ce régime. La concentration capitaliste est un fait. Elle existe en dehors de toute conception doctrinale, en dehors de toute vertu ethnique, de toute forme politique. Si quelques juifs ont drainé une partie plus considérable de capitaux, cela prouve simplement qu'ils ont des aptitudes plus parfaites pour le trafic de l'argent, mais cela ne signifie pas qu'ils ont créé ce trafic. Qu'on les expulse, rien de changé au total. Voyez ce qui se passe, en effet, en Russie : A Moscou on a défendu aux juifs de posséder des Monts-de-Piété et cette réduction a imposé un nouveau fardeau à la population la plus pauvre. En effet, le nombre de ces établissements a diminué, mais l'intérêt qu'ils perçoivent est plus considérable. Lorsque ces établissements étaient nombreux, la concurrence était plus vive, et l'on abaissait l'intérêt pour attirer les clients. Depuis que la possibilité de la concurrence juive a diminué, l'intérêt s'est élevé de 36 pour 100 à 70 pour 100 par an.

On pourrait multiplier les faits.

Supposons qu'on expulse tous les banquiers juifs de Paris et que les capitaux se raréfient sur la place, il est évident que les autres banquiers relèveront le taux de l'intérêt et le brave boutiquier antisémite qui viendra escompter des effets de commerce saura ce que lui coûteront les mesures de protection aryennes.

Supposons qu'on interdise le gros commerce à ces mêmes juifs. Évidemment cela fera les affaires de M. Jaluzot, par exemple, qui pourra vendre ses marchandises à un prix plus élevé. Mais les acheteurs, les consommateurs antisémites, antizolistes, antiinternationalistes, et le reste, n'auront pas lieu de s'en féliciter.

Est-ce à dire que tout est pour le mieux, actuellement, et qu'il faut soutenir ce *modus vivendi* social ?

Non, certes! Le capitalisme est un bloc : il faut l'accepter ou le rejeter, intégralement.

L'antisémitisme doctrinal n'est qu'une forme particulière de la concurrence capitaliste. A ce titre, il ne peut évidemment pas intéresser les prolétaires. Mais, puisqu'il paraît vouloir se présenter au public comme une panacée souveraine à ses maux, puisqu'il veut rapetisser le mouvement révolutionnaire au point d'en faire une rivalité de boutiques, puisqu'il trompe les déshérités en concentrant leurs colères sur une fraction de la classe capitaliste à l'exclusion du reste, nous ne cesserons de le combattre, implacablement.

HENRI DAGAN.

ANNEXE [1]

SIGNIFICATION SOCIALE

DE LA

PRESSE ANTISÉMITIQUE

Il serait difficile de critiquer l'Antisémitisme au point de vue purement doctrinal, car, en dépit des essais que l'on a tentés pour placer la discussion sur le terrain ethnique, l'Antisémitisme ne peut pas être considéré — à l'exemple du socialisme ou de l'anarchisme — comme un système politique ou une philosophie sociale.

Il se manifeste surtout par une explosion de mécontentement et souvent même de haine : une

---

[1] Ces pages ont été publiées, déjà, dans la revue *Les Tablettes*, dirigée par M. Mécislas Golberg.

haine organisée, systématisée, dirigée contre une catégorie d'hommes.

Ce qu'il y a de plus utile, à cet égard, c'est d'expliquer les raisons de ce mécontentement, de cette haine ; de chercher à se renseigner sur les circonstances à la faveur desquelles ont pu naître ces sentiments ; de dégager la part de responsabilité ou d'irresponsabilité qui incombe aux individus incriminés, et, par déduction, de connaître le rôle social qui est nécessairement dévolu aux intéressés.

. .

Cherchons donc la signification du mouvement antisémitique.

Pour cela nous pouvons avoir recours à deux méthodes :

L'une, qui consiste à lire les ouvrages qui traitent spécialement de cette matière ; à rassembler les arguments dont on se sert généralement pour justifier la haine des juifs ainsi que la guerre tenace qu'on leur fait ;

L'autre, qui se ramène à lire les journaux qui ont épousé la querelle antisémite ; à examiner la nuance particulière de ces journaux ; à découvrir la clientèle à laquelle ils s'adressent, les opinions qu'ils flattent, la politique qu'ils préconisent, les intérêts qu'ils défendent. C'est à cette dernière méthode, accessible à un plus grand nombre, que je me suis adressé.

. .

Quels sont donc les journaux qui se sont fait de l'Antisémitisme une arme favorite dans la bataille politique ?

Ils sont connus :

C'est la *Croix* et le *Peuple Français ;*

C'est la *Libre Parole ;*

Puis l'*Intransigeant ;*

Enfin la *Gazette de France.*

(Il y en a d'autres. Mais leur opinion est plus ou moins déguisée. Ils ne s'affirment pas avec la même franchise.)

Voilà les principaux organes qui ont affiché ostensiblement leur haine du juif et qui semblent préconiser, comme « solution de la question sociale », son élimination.

Or, qu'est la *Croix ?* Qu'est le *Peuple Français ?*

Deux instruments du catholicisme *rallié.* Deux serviteurs zélés de la politique vaticane, laquelle est exposée clairement dans les dernières encycliques de Léon XIII et qui se résume à ceci : immixtion de l'Eglise dans la direction du gouvernement, intervention de la puissance religieuse dans les conflits sociaux.

Qu'est la *Libre Parole ?* Le moniteur officiel de l'Antisémitisme, le journal qui a su tirer de ce courant d'opinion un profit politique, commercial et... financier. Il n'a pas craint de se donner même des allures révolutionnaires en subordonnant la question religieuse à l'agitation antijuive. Ne l'a-t-on pas vu soutenir quelquefois les candidats les plus disparates et les opinions les plus opposées ?

Qu'est la *Gazette de France ?* C'est un journal peu

répandu, pas connu du gros public et ne s'adressant qu'à une classe restreinte.

La *Gazette de France* est un journal vénérable, fondé en 1631 et paré d'une enseigne archaïque. Parlez de la *Gazette* à l'un de ces vieux royalistes irréductibles (il y en a) qui sont allés s'enfouir au fond d'un département : vous verrez son regard briller, vous entendrez sa voix trembler d'émotion.

La *Gazette de France* est le journal des débris de l'aristocratie de naissance, vierge *quelquefois* de toute alliance israélite.

Reste l'*Intransigeant.* Qu'est-il ?

L'*Intransigeant*, c'est Henri Rochefort.

Qu'est-ce que Henri Rochefort ? *Un conservateur.*

Ceci semble un paradoxe, une antiphrase. C'est une vérité rigoureuse. Rochefort est un conservateur : conservateur des préjugés, des traditions, des idées mortes, des sentiments stériles. C'est l'homme immobilisé dans une habitude d'esprit, arrêté au milieu d'une époque. Il a une compréhension des intérêts de la démocratie analogue à celle de MM. Leroy-Beaulieu, Jules Roche, Barthou, Bourgeois, Millerand et Deschanel.

On s'étonne de voir M. Rochefort marcher bras dessus bras dessous avec Drumont qui représente l'obscurantisme et la superstition, avec l'abbé Garnier qui personnifie le sectarisme religieux, le despotisme intellectuel. Il n'y a là rien que de très naturel.

La politique de M. Rochefort est complètement étrangère aux intérêts du prolétariat.

Quel est l'homme versé dans les affaires publiques ou dans le journalisme militant qui ne s'est aperçu que la structure sociale s'est modifiée, que des éléments populaires nouveaux ont déplacé les points de vue de la bataille? Rochefort l'ignore ou feint de l'ignorer, ce qui est la même chose. Il est en *arrière* et sa conduite est fatalement celle d'un *réacteur*. Ce qui peut lui survenir de plus heureux, c'est de disparaître de la scène du monde où il a rempli son rôle de polichinelle en rossant — jadis — les gendarmes du bout de sa plume.

Rochefort n'a plus qu'une bonne action à faire : c'est de mourir.

J'ai dit ce qu'était chacune en particulier les feuilles vouées à l'antisémitisme. J'ai essayé de montrer leur esprit, leur inspiration, leur tendance. Je vais préciser davantage et parler de la clientèle spéciale à chacun de ces journaux.

La *Croix* et le *Peuple Français* ont recruté une partie de leur clientèle dans le monde religieux : cloîtres, couvents, séminaires, monastères, presbytères, etc. Puis dans la classe des petits commerçants, industriels et petits rentiers, c'est-à-dire dans cette fraction de la petite bourgeoisie qui est façonnée par l'éducation religieuse et qui en garde plus ou moins le respect, soit par l'habitude, soit par convenance, quelquefois par conviction.

Il était facile de faire naître la passion antijuive dans ce milieu. En effet, on connaît suffisamment le malaise des classes moyennes, et j'entends par là l'absence de prospérité dans les affaires, la diminution du taux de l'intérêt, etc. On sait, d'autre part, que ces classes moyennes, à moitié cultivées, ne sauraient acquérir une vision assez haute de la réalité pour renoncer à leurs habitudes de raisonnement puéril et mesquin : « Nos affaires périclitent, nos rentes se rapetissent, déclarent ces petits bourgeois ; or, il y a des juifs immensément riches ; on cite leurs noms, on dénonce leurs agissements, on étale le chiffre de leurs fortunes ; ces gens-là s'enrichissent au fur et à mesure que nous nous appauvrissons ; ils sont responsables de notre malaise, de notre ruine ; il faut donc les écarter, les éloigner, les bannir, les supprimer pour que la prospérité refleurisse parmi nous. »

C'est ce raisonnement vulgaire, à courte vue, qui constitue le fond de la « sociologie » des abbés Garnier, des Drumont et des Moines de la Croix. Ce sont eux qui ont distillé peu à peu le poison dans l'esprit de cette petite bourgeoisie mécontente et menacée. Un levain de haine s'est amassé lentement dans le cœur de ces chrétiens charitables et l'antisémitisme fut la pâture de leurs appétits et de leurs ambitions minuscules mais tenaces.

Il est certain que la *Libre Parole* recrute également une fraction importante de la petite bourgeoisie cléricale. Mais elle a aussi l'oreille des financiers catholiques, quelquefois libres-penseurs (ou prétendus tels), ou simplement indifférents et *je m'enfichistes*. Ces hommes d'affaires, ces capitalistes qui n'ont pas subi la circoncision, mais qui rivalisent de cupidité avec les juifs, sont heureux d'avoir sous la main un organe important qui défend, volontairement ou à son insu, leurs propres tripotages ou leurs vastes opérations de Bourse.

La *Libre Parole* est en quelque sorte, pour cette catégorie de capitalistes et d'écumeurs, une cavalerie cosaque chargée du service de la *reconnaissance*.

Je n'invente rien : qu'on lise la revue l'*Association Catholique* du 15 juillet; il y est écrit textuellement que « les chefs de l'Antisémitisme sont des négociants et des financiers ruinés ou à la veille de l'être ». Telle est la signification du journal la *Libre Parole*.

Qu'est-ce que l'*Intransigeant ?* Il a beaucoup changé depuis quelques années, et surtout depuis quelques mois. Sa clientèle était mi-partie petit bourgeois, mi-partie ouvrière. Or, le vide a commencé à se faire autour de lui. Les organes des partis socialistes, la *Petite République* principalement, lui ont ravi une partie de sa clientèle. L'*Aurore*, de tendance plutôt libertaire, en a conquis une autre partie. Il ne reste, à l'*Intransigeant*, que la petite bourgeoisie voltairienne, prudente, indécise, arrêtée au bord du révolutionnarisme, et une fraction de la classe ouvrière leurrée par les logomachies du *nationalisme*, du *patriotisme*, du *parlementarisme* et du suffrage dit universel. Mais cette fraction est en décroissance. L'*Intransigeant* demeure l'organe du radicalisme opportuniste, de la petite bourgeoisie laïque, peu différente de l'autre, au point de vue social, puisque ses intérêts matériels sont identiques. Le crépuscule de Rochefort retient encore cette catégorie sociale. A sa mort, la dissolution s'opérera forcément. Les uns seront obligés d'aller à Drumont, malgré leur prétendue libre-pensée, les autres au socialisme radical, le reste, enfin, avec les révolutionnaires.

Reste la *Gazette de France*. C'est le journal qui exprime les intérêts, les idées et les sentiments de l'aristocratie de naissance, qui est une vieille aristocratie foncière, terrienne. Celle-ci est antisémite par rivalité d'intérêts avec l'aristocratie industrielle, financière, qui compte des juifs en nombre appréciable. A cette concurrence d'intérêts, il convient d'ajouter, évidemment, des rivalités de rang, de situation, de considération et d'honneurs. Une espèce de jalousie sourde lui fait détester la classe des hauts barons de la finance dont le luxe, l'opulence froisse vivement sa vanité, efface l'éclat de ses blasons et le souvenir de sa gloire lointaine.

Tels sont les éléments constitutifs de l'Antisémitisme. En résumé, ces éléments se réduisent à trois :

1o La petite bourgeoisie, industrielle, commerçante, rentière, qu'elle soit laïque ou cléricale, peu importe : c'est la *Croix*, le *Peuple Français*, l'*Intransigeant* qui l'expriment.

2o La moyenne et la haute bourgeoisie, capitalistes qui ne font pas partie de *la tribu*, mais qui convoitent ses bénéfices et voudraient bien la remplacer.

C'est la *Libre Parole* qui est son moniteur officiel.

3o L'aristocratie de naissance, foncière, territoriale par sa situation héréditaire, en conflit avec l'aristocratie d'argent (financiers, banquiers, prêteurs, juifs pour une bonne part).

On est donc en droit de se demander quelle est la

place du prolétariat, salarié ou non, dans cette bataille des intérêts. Quel bénéfice social peut-il retirer de la querelle antisémitique? Où voit-on les avantages qui en résulteraient pour sa propre cause? N'est-ce pas, au contraire, résister à la dislocation inévitable des cadres sociaux actuels que d'aller au secours de ces débris politiques? Qui ne voit, en effet, que la petite bourgeoisie est condamnée à disparaître, en tant que classe, vaincue par des formes plus perfectionnées de l'industrie et du commerce? Qui ne prévoit que l'aristocratie de naissance, l'aristocratie financière, court à sa ruine par impuissance de lutter contre la concurrence étrangère, cause principale de la crise agricole?

Qui ne s'aperçoit, enfin, que l'aristocratie d'argent — dont le rôle historique est révolutionnaire, sans qu'elle s'en doute — diminue sans cesse par l'effet d'une concentration de plus en plus rapide de la richesse?

Cette aristocratie est également condamnée à disparaître lorsque son rôle sera terminé, c'est-à-dire lorsque l'équilibre sera définitivement rompu entre la catégorie des possédants et celle des dépossédés.

L'Antisémitisme est le suprême effort tenté par la coalition des débris des partis politiques. Toute fraction prolétarienne qui travaille à son profit travaille en même temps à se duper elle-même, Voilà ce qu'il résulte d'un examen attentif des partis — en dehors de toute hypothèse doctrinale et philosophique.   D.

TABLE DES MATIÈRES

ÉMILE COLIN, IMPRIMERIE DE LAGNY (S.-ET-M.)

www.ingramcontent.com/pod-product-compliance
Lightning Source LLC
Chambersburg PA
CBHW052054270326
41931CB00012B/2748